AU SECOURS SAINTE RITA

De la même autrice

Bonne à rien, Anne Carrière, 2007.

Les dents de ma mère, Plon, 2012.

Des plumes sous ma couette, l'Archipel, 2018.

LE DÉSIR au féminin, Ramsay, 2022 (ouvrage collectif).

Amandine Cornette de Saint Cyr

Au secours sainte Rita

Patronne d'un monde d'espérance

Fayard

ISBN : 978-2-213-72722-6
Dépôt légal : mai 2024

À tous les désespérés.

Rita sainte
Tout au-dessus
Du labyrinthe
De peuples en peine
D'âmes perdues

Benjamin Biolay

(…) Ô sainte Rita,
récompense mon espoir en toi et
je ferai partout connaître la grandeur de
ta miséricorde envers les affligés (…)
Prière à sainte Rita

AU SECOURS, PRIONS

« Ce jour-là, le ciel disparaîtra avec fracas, les éléments embrasés se désagrégeront et la terre avec les œuvres qu'elle contient sera brûlée » (Genèse 1,1).

On va tous mourir – ça, on le savait déjà –, mais, là, ça se précise : guerres, surpopulation, réchauffement climatique… Pour sauver la planète, ou du moins ce qu'il en reste, il faudrait traverser l'Atlantique à la rame, se nourrir de sauterelles et s'habiller chez Emmaüs.

Dans les années soixante-dix, le film *Soleil vert* avait prédit l'épuisement des ressources naturelles, condamnant les humains à manger des macchabées compressés en plaquettes, dans *I Am Legend*, une pandémie décime notre espèce, et dans *La Cinquième Vague,* des tsunamis submergent la quasi-totalité de la population mondiale. Jamais l'expression « Après moi le déluge », ou plutôt « Pendant moi le déluge », n'aura été aussi appropriée.

Et le pire du pire, c'est qu'on ne peut même pas zapper la réalité, comme on le ferait d'une fiction.

Depuis 1947, des experts du *Bulletin of the Atomic Scientists*, une revue scientifique en ligne, réajustent chaque année l'horloge de l'apocalypse pour alerter la population sur l'imminence d'une destruction planétaire et, aujourd'hui, nous n'avons jamais été aussi proches du gong : minuit moins quatre-vingt-dix secondes.

Notre système, soumis aux intérêts de grands groupes industriels, est en train de s'effondrer sous nos yeux. Krachs boursiers, pénuries, baisses de pouvoir d'achat… plus personne ne semble contrôler la marche du monde, et encore moins les mouvements récurrents de contestation des populations.

Au secours, prions !

Mais Dieu, dans Sa toute-puissance, entendra-t-Il nos supplications ? Ou bien, résolu à anéantir l'humanité corrompue, élira-t-Il un nouveau Noé pour construire une arche ? Supposons qu'Il ne soit pas tout à fait disposé à être clément avec des sales gosses comme nous. Mieux vaudrait la lui faire à l'envers en s'adressant à ses saints plutôt qu'à Lui. Parmi eux, sainte Rita est une des saintes les plus priées au monde. Cette ferveur dépasse les clivages religieux, puisque les croyants, toutes religions confondues, ainsi que les athées superstitieux, ont recours à elle. Depuis le Moyen Âge, elle avait fait ses preuves, et aujourd'hui encore, nombreux sont ceux qui l'implorent et la « follow » sur les réseaux.

Notre monde serait-il déjà une cause perdue ?

LE MANÈGE DE LA REPRODUCTION

– Vous avez de l'adénomyose, madame…

– De l'adéno quoi?

Le gynécologue dessine une tête de bélier et pointe un endroit avec son stylo.

– C'est votre appareil génital et, ici, la zone de jonction entre l'endomètre – la muqueuse qui tapisse l'utérus – et le myomètre – le muscle de la paroi utérine. Dans votre cas, les cellules de l'endomètre ont infiltré le myomètre et c'est ce qui provoque vos douleurs.

À la suite de l'ablation d'un fibrome, une sensation de fils barbelés, de coups de poignard, de torsions d'organes – symptômes similaires à ceux de l'endométriose – me vrillait le ventre. J'avais consulté un premier gynéco, il y a un an, espérant trouver une solution à mes troubles utérins. Son diagnostic avait été sans appel.

– Il faut faire une hystérectomie.

– Une hystéro quoi ?

– Il faut retirer l'utérus.

Ma chaise de consultation s'était transformée en chaise d'exécution. Ouvrir un ventre et couper des organes, la routine, quoi. Mais pas pour moi…

– Ce n'est qu'une poche, vous savez…

Une poche qui donnait la vie, comme ses deux bourses.

Les bourses ou la vie, docteur !

— Vous ne pourrez plus concevoir, mais vos ovaires resteront en activité. Et puis, vous avez déjà deux enfants…

Était-ce une invitation à me faire descendre du manège de la reproduction en plein tour ?

Cette « poche », comme il l'appelait, était entre la mort et moi, parce qu'elle portait la vie. À quarante-trois ans, avoir un enfant était le moyen de prolonger un semblant de jeunesse. Certaines quadras avaient même profité de leurs dernières années de fertilité pour vivre une dernière grossesse à coups de traitements hormonaux. Leurs gros ventres fleurissaient dans les rues, comme autant de pâquerettes « d'automne ». Malgré leur déguisement de djeun, jean-baskets, on les repérait à leurs bras un peu flasques, leur décolleté légèrement abîmé et leur début de ptôse sous le menton. Les hommes de soixante ans, quant à eux, enquillaient un nouveau cycle de couches-culottes, avec l'enthousiasme lifté de jeunes papas, au bord de l'infarctus, sans le moindre scrupule pour l'orphelin à venir. Par égard pour cet être vulnérable – flanqué d'une mère préménopausée et d'un père prostatique –, mon compagnon et moi étions convenus de ne pas concevoir. Certes, nous aurions été flattés d'être missionnés par Dieu pour repeupler une terre déjà surpeuplée. Mais comment ne pas avoir pitié d'innocents projetés, malgré eux, dans un monde apocalyptique avec des parents de l'âge d'Abraham et de Sarah ? Si, hier, refuser d'avoir des enfants était perçu comme égoïste, aujourd'hui, ce serait plutôt le contraire. Pourtant, tout le monde s'y mettait, sans limite d'âge ni de sexe. L'instinct de reproduction était plus fort que tout et mes ovules hurlaient : « Fécondez-nous ! » Pour les faire taire, je leur balançais le sperme stérile de mon compagnon, comme de la poudre aux yeux, et me consolais en me disant qu'après tout la parentalité n'était pas l'unique voie de l'épanouissement. Nous partions en week-end, sortions dîner et faisions l'amour comme bon nous semblait. Et ce n'était pas un tyran en couche-culotte qui allait nous en empêcher ! Pourtant, Dieu seul sait que je l'appelais de tous mes œufs.

J'avais donc refusé l'hystérectomie au profit d'une myomectomie, une opération plus ciblée.

À la suite de cette intervention, les douleurs postopératoires s'étaient installées dans toute ma cavité abdominale. Censées durer trois mois, elles avaient renouvelé un bail à reconduction tacite. Pour tenter d'y mettre un terme, j'avais consulté tous les professeurs éminents des plus grands hôpitaux parisiens, passé plusieurs échographies et même des IRM pelviennes et abdominales. Les radiologues avaient diagnostiqué des adhérences post-opératoires, conséquence de la cicatrisation du péritoine, et il semblait que mon ventre avait décidé de se lancer dans une folle séance de tissage. Le gynécologue du centre de l'endométriose Saint-Joseph m'avait prescrit une pilule qui, faute de bloquer les saignements, les avait aggravés au point de provoquer la formation d'un caillot, semblable à un fœtus après seulement un mois de traitement. Le gastro-entérologue avait décelé un trouble du fonctionnement de l'intestin, doublé d'une érosion de la muqueuse gastrique, lors d'une coloscopie, et m'avait prescrit Débridat, Librax, Spasfon, poudres de perlimpinpin, avant de me renvoyer chez moi. Un nutritionniste m'avait conseillé d'arrêter le lait de vache, les blancs d'œufs et le gluten. J'avais perdu les kilos en trop que je n'avais pas, sans perdre un gramme de douleur. On me baladait de service en service sans réussir à trouver l'origine de mon mal. Les méandres labyrinthiques de la médecine conventionnelle, où les sciences et protocoles s'érigent en phares de certitudes, n'étaient manifestement pas le remède.

Ne sachant plus vers quel spécialiste me tourner, j'avais eu recours aux médecines alternatives. Un acupuncteur m'avait planté des aiguilles sur le corps, sans que la magie vaudoue opère. Un ostéopathe prétendait pouvoir rétablir la mobilité de mon bassin par de savantes manipulations. Un hypnotiseur m'avait prétendument plongée dans un état modifié de conscience pour me transporter sur une plage de sable blanc où régnerait la sérénité. Un guérisseur, expert en flatulences curatives, m'avait roté dans les oreilles durant une heure pour déloger le mal en moi, et plus sûrement ses gaz en lui.

Tout ça pour finir, après des mois d'errance médicale, sur le divan d'un psy qui, à force de me torturer la psyché, m'avait poussée à la dépression. Peut-être que, sous l'influence de l'intestin, le « deuxième cerveau » avait pris possession du premier.

J'avais fini par échouer sur mon lit, où je passais mes journées à lire des témoignages sur des forums en ligne, en quête de la solution miracle. En vain.

Je ne savais plus à quel saint me vouer.

LE PREMIER VŒU

Il y a vingt ans, ma mère m'avait traînée à l'église Saint-Augustin pour prier sainte Rita, la patronne des causes désespérées. À l'époque, encore coincée dans une impasse existentielle, je ne me sentais capable de rien. Rien qui puisse me soustraire à cette sensation d'inadéquation au monde. La faute à qui ? À mes parents ? Ma mère parce que trop étouffante, mon père parce que trop absent. La faute à la génétique ? Selon les chercheurs, nous sommes prédisposés à être tristes ou gais. À un dysfonctionnement organique ? Selon Hippocrate, la rate déverserait parfois dans le corps trop de bile noire qui nous rendrait mélancoliques. Baudelaire l'appelait le « spleen », qui veut dire rate en anglais. À ma carte astrale ? Vierge ascendant Bélier : un pied sur le frein, l'autre sur l'accélérateur. La meilleure façon de noyer son moteur. À mon karma ? Avais-je un impayé à régler dans cette vie ? À un déséquilibre hormonal ? Je ne baisais pas assez.

À vingt-trois ans, j'avais déjà compris que la vie n'était qu'une « farce stupide » qui m'obligeait à me lever, m'habiller, travailler... et à recommencer chaque jour que Dieu fait, comme bloquée dans une boucle spatiotemporelle.

Pitié, Seigneur, sortez-moi de là !

Justement, où en étais-je avec Lui ?

Je me souviens du jour de ma première communion dans cette même église lugubre et du prêtre, aussi sec qu'une croix de bois, qui avait déposé dans ma petite bouche le corps du Christ. Il pesait une tonne. Voire deux tomes. L'Ancien et le Nouveau Testament. Contrairement à Thérèse de Lisieux, qui pleura de joie (*« Ah qu'il fut doux le premier baiser de Jésus à mon âme ! »*), j'avais l'œil sec. Si la sainte hostie, sommet de la vie chrétienne et spirituelle, qui incarne le mystère de la mort et de la résurrection de Jésus, était entrée dans mon corps, Il n'était pas descendu dans mon cœur. Quant au mystère du goût de l'hostie, le voile avait été levé. Ce bout de papier buvard avec lequel j'avais lutté pendant toute la fin de la messe, pour tenter de le décoller de mon palais avec ma langue, avait bel et bien le goût d'un cornet de glace azyme, celui qu'on ne trouve même plus chez les glaciers, tellement il n'a pas de goût. Côté cadeaux, après m'avoir offert la traditionnelle médaille, à l'occasion de mon baptême, mon parrain et ma marraine avaient complété ma panoplie grenouille de bénitier avec une bible. Ils y avaient même glissé une image pieuse en guise de marque-page.

Bref, pour les cadeaux, ce n'était pas Noël.

Passé cet épisode, j'avais décidé de privilégier la grasse mat' plutôt que d'endurer les prêches interminables, assise sur une chaise en paille, pieds et mains gelés, en supportant les hymnes à la joie d'une bécasse affublée d'une voix de crécelle et d'un serre-tête à fleurs.

Treize ans plus tard, à vingt-cinq ans, je me retrouvais au même endroit, un peu plus adulte mais pas plus convaincue.

Dans l'une des chapelles, une dame était agenouillée en prière devant le portrait de sainte Rita, traits taillés à la serpe par des coups de pinceau noirs. Si la patronne des causes désespérées était populaire, c'était aussi parce qu'elle s'occupait des affaires courantes : examens, emplois, guérisons… À pas de nonne, je m'étais approchée de la statuette posée sur une console, au-dessus de laquelle était inscrit :

Née à Roccaporena, en Italie, en 1381, morte à Cascia en 1457, fêtée le 22 mai.

Elle est invoquée comme la sainte de l'impossible, l'avocate des causes désespérées.

Au secours sainte Rita

Après vingt ans de vie conjugale, à la mort de son époux assassiné, elle entra comme religieuse chez les augustines de Cascia. Elle pria fortement le Christ d'être associée à sa Passion.

Des roses recouvraient le socle et une multitude de cierges se consumaient sur le brûloir. N'avions-nous pas assez foi en Dieu, pour croire qu'Il pourrait nous exaucer sans l'intervention d'un intercesseur ? Il suffisait de jeter un coup d'œil aux nombreuses plaques sur lesquelles étaient gravés dans le marbre d'invariables : « Merci sainte Rita », « Remerciement à sainte Rita », « Reconnaissance à sainte Rita ».

Peu réceptive aux sermons, j'écoutais distraitement ma mère me raconter la vie de la sainte.

– Rita est née dans un petit village d'Ombrie, à la fin du Moyen Âge. Sa famille était pieuse et, très jeune, elle voulut se consacrer à Dieu, mais ses parents décidèrent de la marier à un jeune homme nanti…

Un sourire ironique se dessina sur mes lèvres.

Un peu comme elle-même l'a fait avec moi…

Le jeune homme nanti qu'elle m'avait choisi avait aussi la particularité d'être le fils de son amant. N'ayant pas réussi à l'épouser, car l'épouse de ce dernier priait aussi Rita pour le retenir, la sainte les avait exaucées toutes les deux en me sacrifiant sur l'autel du mariage. S'était ensuivie la naissance de deux filles qui m'avaient tant et si bien occupée que, après quelques années de vie commune, mon mari était parti avec une autre.

– … Le mari de Rita a été assassiné lors d'une vendetta et, peu de temps après, ses deux fils ont été emportés par la peste. À trente-neuf ans, elle s'est retrouvée sans famille. Elle a alors voulu entrer au monastère pour vivre sa vocation. Seulement, certaines moniales, qui appartenaient au clan ennemi de celui de son mari, s'y opposèrent. Elle a donc entrepris de réconcilier les différentes familles et, grâce à cette action pacificatrice, elle a fini par se faire accepter par la communauté des augustines.

Je ne vois pas trop ce qui fait d'elle une sainte…

– Puis, un jour, elle pria le Christ de partager sa Passion. Une épine se détacha de la Couronne et se planta dans son front, créant une plaie qui ne se referma jamais. Sauf durant son pèlerinage à Rome.

Sainte Agathe a eu les seins arrachés à la tenaille, sainte Catherine a été condamnée au supplice de la roue, sainte Blandine, livrée aux lions. Rita, elle, n'a pas souffert le martyre. À ce compte-là, n'importe quelle malheureuse pouvait prétendre à la sainteté.

– Il est essentiel que tu exprimes clairement ton souhait, sinon sainte Rita risque de se perdre dans les méandres de tes pensées.

Si mon Père sait ce dont j'ai besoin avant que je le lui demande (Mt 6, 8), peut-Il m'en faire part dans les plus brefs délais ?

– Évite aussi les souhaits contradictoires, sinon tu risques d'obtenir des résultats mitigés. Ensuite prie avec conviction.

L'esprit de contradiction ne fait pas bon ménage avec l'Esprit saint.

– Et surtout n'oublie pas de t'adresser en premier lieu à Dieu, c'est Lui qui t'exaucera sur l'intercession de Rita.

Dans ce cas, à quoi bon la prier, si c'est Dieu qui décide ? Pour faire passer en douce des vœux capricieux ?

– Rappelle-toi ces paroles de Jésus : « Toutefois, que ta volonté soit faite, et non la mienne. »

Toutefois...si Tu pouvais faire ma volonté et un peu moins la Tienne...

En contemplant ma bougie sur le brûloir, je lui murmure :

– Sainte Rita, aide-moi à trouver ma voie... Une voie royale, si possible...

Avant de verrouiller le dossier par la « Prière dans la détresse » :

« Sous le poids de la douleur, j'ai recours à toi, sainte Rita, si puissante auprès de Dieu, avec la certitude d'être exaucée, libère mon pauvre cœur des angoisses qui l'oppressent et rends la paix à mon esprit accablé. Toi qui as été établie par Dieu comme l'avocate des causes désespérées, obtiens-moi la grâce que je demande. Si mes péchés constituent un obstacle à l'accomplissement de mes prières, obtiens-moi la grâce du repentir et le pardon dans le sacrement de la réconciliation. Ne permets pas que je répande plus longtemps des larmes d'amertume, ô seigneur, récompense mon espoir en toi et je ferai partout connaître la grandeur de ta miséricorde envers les affligés. Ô Rita, épouse admirable du crucifié qui te fit don d'une des épines de ta couronne, aide-moi à bien vivre et à bien mourir. »

– En tout cas, une chose est sûre, quand on lui demande, on reçoit. Mais ça peut être long…

Combien de temps allais-je devoir patienter avant d'être exaucée ?

Six mois ? Un an ? Une éternité ?

L'échelle temporelle divine n'est sûrement pas la même que celle de simples mortels.

Et si j'avais prié un ciel sourd ?

BONNE À RIEN

C'est à la suite d'un stage de fin d'études au sein de la rédaction d'un magazine féminin que j'eus, quelques mois plus tard, la révélation de ma vocation d'écrivain.

L'exercice de l'écriture imposait une vie ascétique dédiée à la masturbation intellectuelle, ce qui correspondait parfaitement bien à mon profil de névrosée.

Durant trois ans, je me consacrai à la rédaction de mon premier roman *Bonne à rien*. Cent cinquante pages sur les tribulations d'une jeune femme qui voulait réussir sans rien faire. Une autofiction que j'envoyai à des maisons d'éditions réputées et que l'une d'elles, par miracle, accepta de publier. Un miracle qui allait se poursuivre, les vingt années suivantes, avec trois autres romans qui s'ajoutèrent à mon palmarès. Avais-je, pour autant, trouvé ma voie ? Mes relevés de droits d'auteur dérisoires m'en laissaient douter. J'essayais de me consoler en me disant que les gens ne lisaient plus parce qu'ils préféraient scroller sur Instagram. Insta, pire que la coke. Cette dépendance numérique maintenait mes potentiels lecteurs dans une frénésie constante de plaisirs narcissiques instantanés, servis à profusion. Devenus incapables de se concentrer sur quoi que ce soit plus d'une minute, leurs cerveaux s'étaient soumis à cet instrument diabolique aux mille fonctions, appelé iPhone – qui monopolisait leur attention, les empêchait de réfléchir et sapait leurs facultés cognitives, les acheminant vers un Alzheimer précoce.

Je savais de quoi je parlais, puisque, comme eux, j'étais logée à l'enseigne Apple.

Dans ce cas, comment expliquer la présence de tous ces ouvrages sur les présentoirs de la FNAC ? Les achète-t-on pour le titre ? Les mettre au pied du sapin ? Faire joli dans la bibliothèque ? Ou pour une vieille tante qui lit encore ? Ou alors était-ce une stratégie des éditeurs axée sur la rentabilité à court terme multipliant les petits tirages, quitte à les envoyer au pilon ? Peu m'importait puisque écrire était devenu mon seul refuge et que la sainte m'avait sans conteste exaucée.

Si, aujourd'hui, je me tourne une fois de plus vers elle, c'est pour la supplier d'échapper à une hystérectomie. À quarante-trois ans, j'aimerais vivre sans complications ma vie hormonale jusqu'à la ménopause.

LA CHAPELLE DES PROSTITUÉES

Et comme elle semblait rester sourde à mes sollicitations, j'avais décidé de renforcer ma prière en faisant un tour à Pigalle, dans l'emblématique chapelle Sainte-Rita, boulevard de Clichy. À l'accueil d'un immeuble en pierre de tuffeau, une dame au pull et cheveux gris se fossilise sur sa chaise. Je tente de me rencarder auprès d'elle pour savoir si des malheureux ont été exaucés.

Elle soupire d'agacement.

– Les gens ne déambulent pas avec leurs problèmes inscrits sur une pancarte, vous savez... Mais vous pouvez toujours demander au père Guillez...

Dans la modeste salle décorée de vitraux modernes qui sert de chapelle, le prêtre à la barbe grise prend un instant pour réfléchir. Puis, avec un sourire empreint de compassion, il me répond :

– Parmi toutes les histoires, il y en a une qui nous a profondément touchés, celle de Marie-Paule, une prostituée de la rue de Budapest. Chaque fois qu'elle avait mal aux pieds, elle venait s'asseoir à l'église de la Trinité, où les paroissiens pratiquaient une adoration continue devant le saint-sacrement. Un jour, la personne chargée de cette adoration a dû partir plus tôt que prévu et, ne voulant pas laisser l'ostensoir sans surveillance, elle a demandé à Marie-Paule de la remplacer. C'est à ce moment-là que son chemin spirituel a pris un tournant décisif. À l'âge de soixante ans, elle a réussi à sortir de la prostitution et elle est devenue, elle-même, bénévole. Il faut dire que le parcours de cette femme a été très éprouvant… À vingt-deux ans, elle a fui son Nord natal avec son bébé sous le bras pour échapper à un mari violent. Elle a ensuite vendu son corps et vécu sous l'emprise d'un proxénète qui l'a fait « tourner » en France, en Belgique et aux Pays-Bas. Il la payait avec des jetons de poker, la suivait chez le gynécologue et la terrorisait en lui montrant des photos de fugueuses battues à mort. Elle n'a retrouvé sa liberté qu'avec l'emprisonnement de son proxénète. Une liberté provisoire qui lui a été retirée dès qu'il est sorti de prison. Elle a finalement réussi à lui échapper en le blessant au couteau. C'est à la suite d'une discussion avec un prêtre, lors d'une visite à Lourdes avec les « Captifs », qu'elle a pris la décision d'arrêter la prostitution. Aux captifs, la libération est une association qui a été fondée il y a quarante ans par le père Giros. Leur mission est d'aller à la rencontre de ces malheureuses pour les soutenir du mieux qu'ils peuvent et d'établir des liens de fraternité. Une fois qu'une relation de confiance est établie, ils peuvent les accompagner dans leur parcours de sortie de la prostitution. Et puis Marie-Paule a eu un cancer...

– Ah bon ?

– ... Malgré les chimios, elle a continué à tenir ses permanences à la chapelle. Les braves dames de la paroisse lui ont rendu visite tous les jours à l'hôpital.

– C'est terrible...

J'en avais les larmes aux yeux.

– Et puis elle est morte.

– Non ! Elle est morte ?

Et alors que je me raccrochais comme la misère au pauvre monde à ce témoignage, misant sur le pouvoir de guérison de sainte Rita, il en profite pour me donner le coup de grâce ?

En voyant mon visage se décomposer, il ajoute :

– Quand on pense qu'elle craignait de mourir seule et que, le jour de ses obsèques, nous étions deux cents, plus trois prêtres, réunis autour de cette femme exclue de la société... Voyez-vous, Marie-Paule a vécu l'épreuve de la maladie comme un don. Elle a accepté que la vraie consolation soit d'être auprès du Seigneur et non dans la guérison. Elle a accepté la maladie comme une opportunité de se rapprocher encore davantage de son Créateur.

Son histoire est une leçon d'humilité, de persévérance et de confiance en Dieu, nous rappelant que, même au milieu des épreuves les plus sombres, la lumière de la foi peut briller avec une intensité inattendue.

Je le remercie de son témoignage, qui me laisse peu d'espoir… avant de retourner à l'accueil, où je tente à nouveau de savoir auprès de la bénévole si elle a entendu parler de miracles de guérison.

Ses sourcils se froncent.

– Je sais pas, dit-elle en pestant contre une dame qui traverse l'église sans s'agenouiller devant le saint sacrement…Vous savez, sainte Rita exauce beaucoup de gens, mais la plupart préfèrent rester discrets sur la nature de leurs vœux. Pendant la vénération de la relique, le 22 mai, le prêtre a demandé à certaines personnes de témoigner en public et une seule d'entre elles a accepté de le faire. C'était pour une demande de guérison… Autant vous dire qu'il a été déçu. Celles qui ont refusé ont prétexté qu'elles n'avaient pas envie d'étaler leurs problèmes devant tout le monde.

– Sont-elles toujours exaucées ?

– Non, pas toujours… Certains reviennent en colère parce qu'elles n'ont pas été entendues. Dans ce cas, je leur explique que, lorsqu'on adresse une prière à la sainte, elle la confie au Seigneur. Ce n'est pas elle qui exauce, mais Lui. Et Il fait selon Sa volonté. Suivant les situations, Il peut soit agir rapidement, soit prendre son temps. Le plus souvent, le chemin est long. Eh bien ça, certaines personnes ne le comprennent pas. Et puis d'autres viennent prier pour attirer sur leurs ennemis la colère divine. Mais la prière n'est pas faite pour le mal. Au contraire. Il faut prier pour que le cœur de notre ennemi s'adoucisse. Et je ne vous parle même pas de ceux qui ne la remercient pas !

Était-ce un oubli ou la crainte de reconnaître sa puissance ? Attribuaient-ils l'exaucement de leur vœu au simple hasard ou, pire encore, à leur seul mérite ? Ou, encore pire, s'appropriaient-ils égoïstement la sainte, tel l'Anneau, bijou maléfique appelé « mon préciiiieux » par Gollum, afin de jouir de son immense pouvoir sans partage. Dommage, ils brisaient la chaîne d'amour…

– Et vous, qu'est-ce qui vous a donné envie de faire du bénévolat ?

– Je voulais remercier sainte Rita et le bon Dieu de m'avoir sortie de la précarité dans laquelle je me suis retrouvée en arrivant à Paris en 2002. J'avais du mal à trouver un logement et une personne âgée m'a proposé de vivre avec elle, en échange de quoi je faisais ses courses et son ménage. Mais, après son décès, je me suis retrouvée de nouveau sans logement et, grâce à Dieu et à l'intercession de sainte Rita, j'en ai retrouvé un. Alors, deux fois par semaine, je Lui donne de mon temps.

Malgré son caractère un brin revêche, sa dévotion me touche. Je profite de ce moment de confidence, pour lui demander ce qu'elle pense de la polémique entourant l'église Sainte-Rita du 15e arrondissement. Initialement célèbre pour avoir accueilli des animaux, elle avait été menacée d'être vendue à un promoteur immobilier qui envisageait de la démolir afin de construire des logements sociaux et des parkings. La colère des fidèles s'était alors déchaînée, les conduisant à occuper l'édifice à plusieurs reprises pour s'y opposer, attirant ainsi l'attention des médias. Tout le monde se désespérait. Si la spécialiste des causes désespérées ne parvenait pas à sortir son église de cette situation, où allions-nous ?

La bénévole lève les yeux au ciel.

– L'église n'a finalement pas été détruite… mais je n'en sais pas plus, ajoute-t-elle avec un haussement d'épaules… De toute façon, ce bâtiment n'a jamais appartenu à l'Église catholique.

– Ah bon ?

– Le prêtre qui officie là-bas et qui se fait appeler « monseigneur » non plus.

Ça, c'était un scoop !

LE NAUFRAGE DE NOÉ

Avant que cette polémique n'enflamme les médias en 2016, j'avais assisté avec Colette, ma voisine, et Serge, son teckel à poils durs, à la bénédiction annuelle des animaux. C'était un dimanche de novembre, rue François-Boivin. À l'entrée de l'église néo-gothique, un dromadaire, un lama, un bouc et une chèvre formaient une haie d'honneur insolite. Sur le portail étaient affichées des photos du comte de Paris, de Michou, de Michèle Mercier, *merveilleuse Angélique,* aux côtés du prêtre, la cinquantaine bien portante, en soutane fuchsia assortie à son teint rubicond.

À l'intérieur de l'édifice fourmillant de chiens, chats, oiseaux, rongeurs… celui qu'on appelait « monseigneur » défilait sur un tapis rouge qui menait à l'autel, comme s'il était au festival « del cane » avant de se mettre à prêcher, tel saint François d'Assise, en les aspergeant d'eau bénite sur l'air du *Duo des chats* de Rossini.

Assis là, sur un banc en bois, Michou, le célèbre cabaretier, au costume emblématique bleu électrique et au brushing blond platine, et son shih tzu, tout aussi flamboyant, se tenaient prêts à recevoir leur dose de sainte pluie. Dans son autobiographie, *Le Prince bleu de Montmartre*, Michou raconte que son amie Denise, une adorable dame aux cheveux blancs, disposait des statuettes de sainte Rita sur son bureau pour que la salle ne désemplisse pas.

Certains fidèles portaient leur compagnon moribond dans leurs bras et d'autres brandissaient leurs photos dans l'espoir que sa bénédiction opère un miracle. Alors, autant dire que la rumeur de fermeture de cette arche de Noé avait provoqué un déluge de protestations.

Même la sainte des animaux, Brigitte Bardot, s'en était indignée sur Twitter :

« On va détruire l'église Sainte-Rita ! C'est scandaleux et lamentable. Cette église qui date de 1900 n'est protégée par aucune législation, elle n'est pas reconnue par le Vatican et ne fait pas partie des monuments classés patrimoine de l'État.

C'est pourtant un sacrilège d'assassiner une église pour des spéculations immobilières (...).

Donc on fout le bon Dieu dehors, sans aucun respect et dans l'indifférence la plus complète.

Je suis scandalisée devant le manque de réactions de nos grands prélats et des nombreux gens de pouvoir, dont la mairie de Paris. Tout le monde s'en tamponne ! Sainte Rita est la patronne des causes désespérées. Je compte sur elle pour sauver sa maison, son église, la seule qui recevait et bénissait les animaux chaque année à la saint François d'Assise. »

L'édifice, ainsi que le précise le diocèse de Paris, fut dans les années 1980 loué à une communauté gallicane sans aucun lien avec l'Église catholique. Elle n'est donc pas reconnue comme partenaire dans le dialogue œcuménique, qui a pour objectif explicite l'unité entre les églises chrétiennes. Par conséquent, « monseigneur » était un prêtre qui officiait en dehors des limites sacrées de l'Église catholique.

Pour parfaire le tableau, la presse avait dénoncé le fait que ce dernier ait lâché ses ouailles, vaillamment mobilisées contre la destruction de leur église, pour succomber au chant envoûtant d'un protocole transactionnel des plus séduisants.

« Déguerpir, promettre de n'intenter aucun recours en justice et empocher 150 000 euros avec effacement de l'ardoise. (...) Il y a quelques mois la justice a en effet condamné l'association cultuelle de Mgr à s'acquitter de 45 000 euros de loyers impayés, assortis d'une pénalité de 3 000 euros mensuels pour l'occupation des lieux devant être évacués », comme l'avait rapporté *Le Figaro* dans ses colonnes.

Des années plus tard, par un étrange tour du destin, je retrouvai ce personnage rabelaisien dans le salon de ma mère, invité par un de ses amis, extraverti. Monseigneur avait fait le voyage exprès depuis La Bouille, près de Rouen, en taxi ! Apparemment, il n'avait pas de problèmes d'argent... Veste noire, chemise de prêtre avec bandeau central, lourde chaîne en argent autour du cou, bagouse au doigt sertie d'une améthyste, il exhibait tous les attributs d'un haut dignitaire du Vatican. Affable mais peu loquace, il se goinfrait de lasagnes, de fromages, de gâteaux, de mignardises servies avec du vin, du champagne et un digestif, sans véritablement répondre à mes questions sur la sainte, trop absorbé, voire imbibé, par son péché de gourmandise. À la fin du repas, dans un sursaut d'attention, il me confia tout de même que, grâce aux prières de sa grand-mère, Rita l'avait miraculeusement guéri d'une maladie orpheline durant son enfance.

– Je suis devenu prêtre pour la remercier... À dix ans, je m'entraînais déjà à célébrer la messe. J'allais même jusqu'à payer mes camarades pour qu'ils jouent les fidèles... À douze ans, je parcourais la route entre Rouen et l'abbaye Saint-Wandrille pour faire l'enfant de chœur. Après mon séminaire, j'y suis resté trois ans en tant que frère, mais c'est à ce moment-là que j'ai réalisé que la vie monastique ne me convenait pas. J'ai un trop grand amour pour le monde, d'ailleurs Paris me manque...

– Vous n'avez pas demandé une nouvelle église à sainte Rita ? demandai-je, faussement ingénue.

– C'est qu'elle fait la sourde oreille... Il va falloir que je me rende à Cascia...

Tandis qu'il se désespérait, j'observais ses mains robustes aux doigts longs.

– Vous avez de jolies mains..., le flattai-je.

– C'est mon esthéticienne qui s'en occupe.

– Ah oui ?

– Elle m'épile les doigts aussi...

– Ah bon ? m'exclamai-je, le cul troué sur ma chaise.

– Je trouve affreux d'avoir de gros poils sur les doigts, alors je fais tout retirer.

Par pudeur, je n'allai pas jusqu'à lui demander s'il se faisait le ticket de métro, voire l'interfessier... Mais la confess' ne s'arrêtait pas là...

– Je prends soin de mon corps aussi en l'enduisant d'huile d'olive.

– Ah oui ?

– Le soir après ma douche, je recouvre d'une serviette de bain mon canapé et je me masse en regardant *Crimes*.

Depuis, impossible de regarder cette émission sans imaginer monseigneur en tenue d'Adam, en train de s'oindre de chrême. Cependant, son ventre, qui pouvait aisément lui servir d'autel, ne semblait pas le déranger puisqu'il accepta bien volontiers le « priesty bag » de ma mère, avant de s'en retourner prêcher dans sa paroisse…

À la suite de cette « Cène » abracadabrantesque, ma mère avait reçu un appel téléphonique d'un monsieur qui prétendait être son chauffeur :

– Il faut vous méfier de monseigneur, je l'ai lâché parce qu'il exigeait que je paie l'essence de ma voiture chaque fois que je le conduisais quelque part et même les repas au restaurant ! Il escroque tous ceux qui viennent le voir avec foi. Il m'a clairement dit qu'il allait vous prendre votre argent, méfiez-vous ! De toute façon, je l'ai prévenu que, s'il ne me remboursait pas, je porterais plainte !

Quand bien même « mon saigneur » aurait tiré profit du désespoir de certains fidèles, en échange d'une messe ou d'une bénédiction pour un chien décédé ou agonisant, ne leur avait-il pas en fin de « compte » apporté du réconfort ? Le bien découle parfois du mal et le mal du bien. Redonner espoir à quelques âmes désespérées, n'était-ce pas un acte « ritien » par excellence ?

« JE NE CROIS PAS, JE SAIS. »

De retour dans ma chapelle de prédilection à l'église Saint-Augustin, je me retrouve, comme il y a vingt ans, devant les flammes vacillantes des veilleuses, en espérant qu'un miracle me tombe dessus. Mes neuvaines pour mon mal de ventre sont restées lettre morte… Toutefois, comment font ceux qui ne croient pas en Dieu ? À quoi se raccrochent-ils dans les moments de détresse ? Aux branches du yoga ? Du bouddhisme ? Du développement personnel ? À la recherche de sens à travers l'art, la nature ou la philosophie ? Dans mes moments de désarroi, je ressens le besoin de croire en une force supérieure. À ceux qui se targuent d'un esprit « cartésien » en rejetant l'existence de quelque chose de plus grand qu'eux, permettez-moi de citer Descartes : « *Si l'idée de Dieu est en moi, Dieu existe ; car seule une cause parfaite, Dieu lui-même, peut être à l'origine de cet effet parfait : l'idée de Dieu.* » Selon René, refuser d'accorder du crédit à ce qui nous dépasse pourrait être perçu comme une limitation de notre propre perception de la réalité. Tout à fait d'accord. Cependant, je me demande parfois si nos prières collectives ne créent pas une sorte d'énergie, qui se matérialise sous la forme d'une divinité, une entité spirituelle née de notre dévotion collective. Est-il possible que Dieu lui-même soit une création de notre esprit ? Et la Bible pourrait-elle servir de réserve d'images pieuses dans laquelle nos esprits puisent pour les interpréter comme des apparitions divines lors d'états de conscience altérés ? Dans le best-seller *Le Secret*, Rhonda Byrne affirme que nous sommes les créateurs de notre propre réalité et que nous attirons à nous ce que nous désirons.

Comme Jung, « je ne crois pas, je sais », je dirais même : je sens. « La foi n'est plus une question d'incertitude, mais une certitude qui transcende les doutes et les questionnements. »

Une idée lumineuse me traverse soudain l'esprit : et si je faisais le pèlerinage de Cascia ? Peut-être qu'une fois là-bas la frontière entre le monde terrestre et le monde céleste s'estompera et que j'aurai plus de chance qu'Il entende mes prières. Il ne s'agit pas d'une maladie mortelle, non plus ! Il me faudrait juste un petit miracle. Un simple cierge à Saint-Augustin aurait pu faire l'affaire, d'ailleurs, mais cela aurait été trop facile…

UN EHPAD ROYAL

Soudain, l'idée d'affronter ce pèlerinage en solitaire m'angoisse. Évidemment, personne de mon entourage n'a voulu m'accompagner. La perspective de dormir dans un monastère, de manger de la soupe tiède et de se coltiner des grenouilles de bénitier durant cinq jours ne les a bizarrement pas tentés. Je réservai tout de même mon escapade spirituelle depuis Paris, en appelant l'agence Phocéens Voyages, avenue Jean-Médecin, partenaire de l'église Sainte-Rita de Nice.

– Malheureusement, madame, il ne reste que des chambres doubles, m'informa la conseillère.

– Vous en êtes bien certaine ?

– Absolument... Nous sommes maintenant à trois semaines du départ pour Cascia...

Je n'allais tout de même pas partager mon intimité avec une inconnue. Probablement une vieille qui me ronflerait dans les oreilles en grinçant du dentier. Et si je remettais ce voyage à l'année prochaine ? Ça me laisserait le temps de réserver une chambre individuelle. Oui, mais non, j'ai trop mal au ventre.

Trois semaines plus tard, me voilà à Nice, dans l'appartement de ma mère, elle-même chez feu sa mère. La résidence Royal Eden n'a de royal et d'édénique que le nom. Dès mon arrivée dans cet Ehpad cinq étoiles, un remugle de Javel mêlé à une pointe de rance me saute au nez et les plantes artificielles, placées sous les contrefaçons de Fragonard, finissent d'agresser ma rétine.

À chaque étage, un vieux agonise derrière une porte blindée. Parmi eux, un Allemand et sa femme, qu'on ne voit plus, probablement empaillée comme leur york ; un procédurier qui harcèle sans relâche le syndic, lui-même accusé de malversations, comme tous les syndics ; un névrosé atteint du syndrome de Diogène, qu'on surprend régulièrement la tête dans les poubelles ; un urgentiste neurasthénique qui, pour échapper à des consultations sauvages sur le palier, rase les murs ; et un gardien, au bout de son rouleau… de Sopalin, qui bat les records d'arrêts maladie. Quant à ma mère, elle a tout simplement hérité des manies de la sienne. Comme elle, elle ferme sa porte à double tour, en pleine journée, épie derrière l'œilleton les faits et gestes de ses voisins et surtout, comme elle, ma mère regarde en boucle *Crimes*, sous prétexte « qu'il n'y a rien d'intéressant sur les autres chaînes ». En somme, ma mère habite chez ma grand-mère, laquelle habite ma mère.

De temps en temps, je l'observais zapper de *Crimes* à *Chroniques criminelles*, en passant par *Faites entrer l'accusé*, *Non élucidé*, sans oublier *Héritages*, tout en pestant contre les rediffusions. À croire que le diable avait pris possession de toutes les chaînes.

– Encore l'affaire Daval ? Quand c'est pas l'affaire Lelandais et Jubillar ! On les connaît par cœur ! Y en a marre ! C'est la pénurie de meurtres ou quoi ?

Ce n'est qu'après avoir regardé l'enlèvement d'une fillette, suivi de son viol, suivi de son meurtre, puis d'une joggeuse, suivi de son viol, suivi de son meurtre, et puis encore, d'une mamie, suivi de son viol, suivi de son meurtre, qu'à vingt-trois heures, repue d'horreurs, elle regagne paisiblement sa chambre pour s'endormir du sommeil du juste, avec, posés sur sa table de chevet, un chapelet, une bible et une statuette de sainte Rita.

LE HOTSPOT DES MIRACLES

Le lendemain après-midi, nous franchissons les portes de l'église Sainte-Rita. Si son clocher se dresse au-dessus des toits de la vieille ville, la façade de l'église se fond dans les murs décrépis du Vieux-Nice.

Une fois à l'intérieur, une débauche de luxe ecclésiastique : dorures chatoyantes, marbres pastel et ornementations en stuc se dévoilent sous les yeux éblouis des fidèles et des touristes de passage.

L'église Sainte-Rita porte ce nom depuis l'arrivée de la congrégation des oblats de la Vierge Marie en 1816, fondée par le prêtre italien Bruno Lanteri. Mais elle n'est devenue populaire qu'à partir de 1935, à la suite de l'exaucement, plus improbable que miraculeux, du vœu d'une paroissienne. Désespérée d'avoir perdu sa boucle d'oreille en ville, elle se confia au père Bianco, qui lui suggéra de prier la sainte. Le lendemain, en refaisant le chemin emprunté la veille, elle retrouva son précieux bijou comme par miracle et, pour remercier l'intercesseur de cette grâce, elle fit don à l'église d'une statue de la sainte d'un mètre de haut, que le prêtre plaça dans la première chapelle de gauche en entrant.

Et voilà comment était né le hotspot des miracles. Depuis, les croyants se pressent en masse, les sceptiques passent en jetant un regard amusé, et les touristes prennent la visite comme une attraction dans leur *City Pass*, incluant montagnes russes de prières exaucées.

Logée dans une niche, podium de l'égérie christique, Rita, au front stigmatisé par l'Épine de la Couronne, tient entre ses mains la Croix. Apparition céleste que des fidèles admirent religieusement, dans des fragrances d'encaustique et de fleurs, et sous laquelle brûlent des veilleuses dont la fumée, comme les vœux, s'élève vers les cieux. À pas feutrés, je me faufile dans la sacristie, où tout un arsenal spirituel de livres, de médailles et de cierges est mis à disposition pour que chacun puisse repartir avec un morceau de sainteté en poche. En passant, une jeune femme blonde salue le frère Georges et le père Véraquin avant de quitter ce temple du commerce sacré. Il y a peu, elle demandait l'aumône assise par terre devant l'église, mais, grâce au frère Georges, elle est entrée au service de l'église Sainte-Rita.

– Chaque jour, je voyais Madie balayer devant la porte et je lui ai proposé de faire le ménage à l'intérieur, me raconte-t-il.

Elle est arrivée de Roumanie avec son mari, qu'elle avait épousé à l'âge de treize ans, leur fille, qui a maintenant dix-neuf ans, et sa belle-mère, qui, à l'époque, était très malade. Sainte Rita l'a aidée, tout comme elle a aidé Marité, qui assure la permanence du secrétariat, poursuit le frère Georges. Au septième mois de sa grossesse, elle a fait une éclampsie. Sa mère s'est mise à genoux en implorant le secours de la sainte et le miracle s'est produit. Les médecins ont pu la sauver, elle et son enfant. Mais, à travers sainte Rita, c'est surtout à Dieu qu'on doit s'adresser, me dit-il avec son léger accent turinois. Parce que ce n'est pas elle qui décide, c'est le bon Dieu : « Que Ta volonté soit faite. » C'est Lui qui sait ce qui est bon pour nous, ou pas. C'est pour ça qu'il ne faut pas oublier d'établir une connexion directe avec Lui.

Que ce soit la bénévole de la chapelle de Pigalle ou le frère Georges de celle de Nice, chacun insistait sur l'importance de la relation personnelle avec Dieu.

Ils se sont tous passé la Bonne Parole ou quoi ?

Pourtant, à la différence des protestants, qui considèrent que le culte des saints transgresse deux interdits bibliques : la communication avec les morts et une pratique idolâtrique – les honorer reviendrait à attribuer à d'autres la gloire qui revient à Dieu –, les catholiques voient les saints comme des membres actifs du corps du Christ. Peut-être que les sacristains craignaient que certains basculent dans une forme de polythéisme déguisé…

Je m'approche du petit sanctuaire, dans une pièce annexe, où trône une statue de la sainte, sculptée dans un bois assez massif pour supporter les supplications. Sur un registre, à sa droite, sont consignés les vœux, liste de suppliques désespérées.

Sainte Rita,

Ma petite-fille de sept ans a découvert ta statue dans la chapelle de l'église Sainte-Rita. Elle t'a priée avec ferveur, demandant que sa maman retrouve l'usage normal de ses jambes. C'était la première fois qu'elle adressait une prière, car elle n'a pas été élevée dans la foi. Fais en sorte, par ton intercession, que cette demande d'enfant soit exaucée. Ainsi, elle pourra découvrir l'amour immense de Dieu qui veille sur nous tous.

Une grand-mère émue

Sainte Rita,

Merci de continuer à aider notre fils et notre belle-fille pour qu'ils parviennent à dialoguer malgré leur séparation. Merci aussi d'intercéder pour ma sœur atteinte d'un cancer.

Une anonyme pleine d'espoir

Sainte Rita,

Je te confie une famille qui souffre, car leur fils de dix-sept ans boit, se drogue, et refuse de poursuivre ses études. La maman a récemment quitté son emploi, épuisée par un burn-out. Je t'en prie, intercède en leur faveur.

Une mamie inquiète

Et celles des louanges émerveillées.

Je n'aurai jamais assez de jours qui me restent à vivre pour remercier encore et encore sainte Rita et pour faire connaître autour de moi les bienfaits qu'elle prodigue dès qu'on l'appelle au secours. On m'a proposé de changer de service au travail et cette nouvelle affectation me convient parfaitement.

P

Encore une fois le doute est toujours permis, mais les faits sont là, tangibles et indéniables. Certains m'ont expliqué que le retour à mes fonctions motrices pourrait s'expliquer par un simple dérèglement, mais moi je préfère croire que c'est toi, sainte Rita, qui a réalisé ce miracle.

R

Sainte Rita, je te remercie de tout mon cœur pour ton soutien indéfectible. Pendant trois longues années, tu m'as aidée à accompagner mon fils. Sa femme l'avait abandonné, mais, depuis le début de cette année, ils ont retrouvé le chemin de la vie commune avec leurs deux petits garçons.

Michèle

J'ai connu sainte Rita après les décès de maman, qui possédait la prière que sa maman lui avait laissée. Cela fait donc trois générations qui ont connu et prié sainte Rita et maintenant quatre, puisque j'en ai remis une copie à ma fille. Aujourd'hui, je viens remercier sainte Rita pour mon petit-fils, Pierre, qui a décroché son diplôme de prothésiste dentaire.

B

Julien, le sacristain, gentil hobbit à la silhouette frêle, auquel j'achète une médaille à l'effigie de la sainte, est le gardien de ce sanctuaire. Dès son plus jeune âge, il a été touché par l'intervention miraculeuse de la sainte. Il me confie qu'il a toujours entendu parler de sainte Rita.

– En 1944, pendant la guerre, ma grand-mère et ma mère m'ont emmené ici, à l'âge de trois ans, car j'avais une maladie orpheline qui m'a rendu aveugle durant six longs mois. Je ne supportais plus la lumière du jour et Dieu m'a guéri, grâce à l'intercession de sainte Rita.

Plus tard, lorsqu'il a exercé le métier de maroquinier, il a dû faire face aux moqueries de ses collègues et, pour trouver du soutien, il venait assister à la messe et aider le frère Georges à faire le ménage. Julien lui confia alors ses problèmes et le turinois, aux lunettes loupes et au sourire ravi, lui recommanda de faire une neuvaine à la sainte. Ce que fit Julien, qui l'implora de donner un sens à sa vie.

– J'ai toujours ressenti le désir profond de secourir mon prochain, tout comme j'ai été secouru moi-même.

Et la semaine suivante, le frère Georges l'informa que le père supérieur lui proposait de donner des cours de catéchisme et de tenir la boutique de la sacristie.

– Depuis quarante ans, je vends des médailles, j'aide pour la revue et, avant Noël, je m'occupe de la crèche. On peut dire que sainte Rita m'a embauché ! Elle m'a permis de faire des rencontres exceptionnelles, mais aussi d'être le témoin d'intercessions merveilleuses. J'ai vu de nombreuses femmes qui ne pouvaient pas avoir d'enfant être exaucées dans leur prière. Elle fait des miracles pour tous. Qu'ils soient inconnus ou connus.

Le regard pétillant de malice, il se met à énumérer les personnalités qu'il a vues défiler devant la star des saintes.

– … Ici, il est venu Marie Laforêt, Amanda Lear, Mireille Mathieu, Didier van Cauwelaert, Yves Klein, Raymond Barre, Mylène Demongeot, Claudine Auger, la fameuse James Bond Girl, Grace Kelly, elle a même déposé une photo des Grimaldi sous la statue de la sainte, et bien sûr notre maire, Christian Estrosi, dont la famille est originaire d'Ombrie, avec sa femme Laura ! On peut dire qu'ils connaissent tous l'adresse miraculeuse !

Un name dropping pour the place to pray. Je suppose que certains priaient pour décrocher un rôle, d'autres pour convoquer l'inspiration, telle autre pour épouser un prince, et d'autres encore pour remporter tous les suffrages.

« DONNEZ-MOI LA GLOIRE »

Sur la liste VIP du sacristain, il manquait bizarrement l'artiste Ben. Ses écritures noires et blanches étaient pourtant placardées sur tous les abritrams de Nice et, depuis une vingtaine d'années, la ville le mettait de plus en plus à l'honneur.

Un après-midi d'août 2022, ce vieil ami de ma mère nous avait invitées dans sa maison de Saint-Pancrace, une curiosité à la façade recouverte d'objets hétéroclites. Le jardin était envahi de baignoires, de bidets et de cuisinières transformés en pots de géraniums et autres amoncellements « diogènesque ». De sa terrasse, Ben avait rappelé à l'ordre ses molosses qui nous aboyaient dessus, en s'excusant de ne pas pouvoir se lever, il était fatigué. Nous avions dû passer entre les crocs des cerbères au pelage gris, des mâtins de Naples, pour le rejoindre sous la tonnelle, autour d'une table recouverte d'une toile cirée. Tête rasée, sa canne posée à côté de lui, l'homme de quatre-vingt-dix ans semblait désespéré.

– Depuis que ma femme est partie en Italie, j'ai des vertiges. Elle ne rentre que dans deux jours…

Ma mère avait essayé de le rassurer en lui proposant de l'appeler en cas de besoin. Mais rien n'y faisait, il continuait de se lamenter en guettant sur son portable un message de sa dulcinée…

– Ben, j'ai vu que tu avais installé une statuette de sainte Rita dans une niche creusée dans le muret de ton jardin…

– Ah, celle-là ? Je l'ai achetée dans une petite boutique à l'entrée de l'église de Sainte-Rita de Nice.

– Comment as-tu entendu parler d'elle, pour la première fois ?

– Je ne sais plus… J'ai perdu la mémoire, tu sais… Il faudrait demander à ma femme comment j'ai entendu parler de sainte Rita… Ah oui, ça me revient maintenant… C'est au moment où on avait monté une pièce de théâtre et, dans la troupe, il y avait une naine prostituée qui en a parlé à ma femme. Annie est allée sur ses conseils prier la sainte pour que notre fils réussisse ses examens. Moi, je ne lui ai jamais rien demandé.

– Alors pourquoi as-tu fabriqué un char pour le carnaval de Nice de 1994 ?

– Parce qu'elle porte chance.

Bien sûr…

– C'est un projet qui a été refusé, pourtant je l'aimais bien. Il était couvert de litanies désespérées :

« Faites-moi rencontrer à Carnaval l'amour de ma vie », « Sainte Rita, protégez Nice », « Libérez les Basques », « Libérez les Corses », « Libérez ma mère », « Donnez-moi la gloire », etc. La statue de la sainte, placée à l'avant du char, dominait l'installation. Juste en dessous, un moteur la faisait pivoter. Au milieu de l'installation, un parc à bébé, il y avait un clown, un dauphin, un dinosaure… qui étaient tous sous la surveillance d'un homme posté dans un mirador. Mais il a été refusé, jugé trop provoc' par les organisateurs.

Donc, si je comprenais bien, cette statuette n'était là que par pure superstition ? Comme Christian Dior qui avait coutume de placer chacune de ses collections sous la protection de sainte Rita, avais-je lu quelque part. Dans les dernières années de sa vie, il aurait invité une de ses proches à aller à l'église de la Madeleine dire pour lui une neuvaine. Le couturier avait une croyance profonde dans les signes du destin et la protection divine. Une anecdote raconte que, avant de fonder sa maison de couture, il avait heurté, sur le trottoir de la rue du Faubourg-Saint-Honoré, un élément détaché d'une roue de voiture à cheval, appelé une étoile. Considérant ce symbole comme un signe encourageant de Dieu, il s'était lancé avec confiance dans l'entreprise de sa maison de couture. Ces rituels s'accordaient avec sa passion pour la musique liturgique et les symboles chrétiens, comme en témoignait la croix de bois qu'il portait dans sa poche. Il signait son prénom avec un T en forme de croix, pour Christ, suivi de « ian » pour Christian ; il écrivait donc « T ian ». « Christian » signifie d'ailleurs « chrétien » en anglais. Cocteau avait dit de lui : « Dior, ce génie léger propre à notre temps, dont le nom magique comporte Dieu et Or ».

Ces parcours de vie démontrent que la foi et la superstition peuvent parfois jouer un rôle déterminant dans la quête de réussite et d'inspiration artistique.

Ben ajouta :

– … Les seuls artistes qui parlaient tout le temps de sainte Rita, c'étaient Yves Klein et Arman. Klein était très croyant. Il allait tout le temps à l'église Sainte-Rita et, pour l'embêter, je lui ai dit : « Étant donné que toi, tu as signé le vide, Arman le plein, eh bien moi, j'ai signé Dieu. » Et là, je lui montre une balle de ping-pong sur laquelle j'avais écrit « Dieu » et je lui dis : « Si Dieu est partout, il est aussi dans cette balle de ping-pong. » Je lui avais dit ça pour l'énerver et ça l'a, en effet, beaucoup énervé. Moi, à l'église Sainte-Rita, je n'y suis allé que deux ou trois fois.

Deux ou trois fois ? Alors il l'avait priée. Pourquoi le nier ? Craignait-il que le mérite de son succès ne revienne à la sainte ?

FANS DE RITA

Qui mieux que les artistes pour témoigner de l'influence de sainte Rita sur leur processus de création, ce voyage intérieur où ils confrontent leurs limites à leur quête de l'œuvre idéale ? Et, entre celle-ci et la réalité de l'expression artistique, il y a souvent un décalage, voire un abîme. C'est à ce moment-là que le créateur s'en remet au Créateur.

De célèbres artistes lui ont rendu hommage à travers leurs œuvres. Le *coming out* religieux de certains d'entre eux m'a parfois surprise, comme celui de Benoît Poelvoorde, l'acteur belge qui avait joué, entre autres, dans le film *C'est arrivé près de chez vous.* Dans une interview accordée au magazine belge *Moustique* en 2015, Poelvoorde évoque fièrement ses « médaillons » qu'il porte autour du cou, offerts par sa mère et sa femme. « D'un côté la patronne des causes désespérées, de l'autre la Vierge. J'ai besoin d'avoir une chaîne autour du cou parce que je dois me sentir protégé. Ça fait partie de moi. J'ai quarante-sept ans et je continue de porter une chaîne en or. Ben oui, le Baraki, il veut que ce soit de l'or... » En 2013, il confie au journal *Le Figaro* se sentir chrétien : « J'ai été élevé par une mère très croyante et par des curés qui ne m'ont pas battu ni traumatisé, contrairement à tous les clichés à la mode, qui m'énervent assez. J'ai la foi, et je crois que Dieu est amour. "Aimez-vous les uns les autres", c'est la phrase la plus culottée du monde, parce que, si on se regarde, on n'est pas programmé pour s'aimer. J'ai tourné récemment un film de Xavier Beauvois, un sauvage plein d'amour pour les gens. Cela s'appelle *La Rançon de la gloire*, l'histoire vraie du vol du cercueil de Charlie Chaplin par deux malfrats. Tout ça sous la protection de sainte Rita, patronne des causes perdues, c'est un film suisse de Rita productions ! Pauline Gygax a choisi d'appeler ainsi sa maison de production parce qu'elle estime que faire du cinéma en Suisse est un cas désespéré ou une cause impossible et que "Rita nous a beaucoup aidés..." » Et en 2017, il dit dans *Paris Match,* à propos de sa mère, qui avait installé chez elle un autel dédié à la sainte : « Elle y a mit des Photomaton de mon frère, ma sœur et moi. Et, quand l'un de nous va mal, elle allume une bougie devant la photo. » C'est ce qu'elle a fait après le tournage d'*Astérix aux Jeux olympiques*, quand il a décidé de se faire interner quelques jours. Il ne pouvait plus entendre « moteur, ça tourne » et faire le clown.

Tout comme Poelvoorde, Benjamin Biolay est un adepte de sainte Rita. Et de Chiara aussi. Deux Italiennes. Tous deux ont été amoureux de la fille de Catherine Deneuve. Troublante coïncidence.

Comme il l'a révélé en 2022 au journal *Numéro* pour la sortie de son album *Saint-Clair* : « Je l'ai toujours aimée. J'allais déposer des cierges devant sa statue à l'église Saint-Eustache, en la priant et en lui offrant de petits médaillons. » Tatouages aux bras, dégaine à la Gainsbarre version BG, charme juvénile passé et moue désabusée, il boit l'absinthe jusqu'à la lie dans une chanson dédiée à « *Rita sainte. Priez pour nous. Boire l'absinthe. Que votre sang coule en nos cous.* » Sur la photo, il porte une croix autour du cou, une chemise blanche au col « romain » et revendique son attrait pour l'apparat et les iconographies orthodoxes et catholiques. Bien qu'il se déclare croyant sans être pratiquant, il aurait souhaité se marier à l'église avec Chiara et se signe avant chaque concert. Dans une interview provenant du podcast *Musicaline*, il ne craint pas d'afficher sa foi : « Il y a une forme de religion dans ce que font les artistes. Je suis très client de l'imagerie religieuse, je dis ça sans ironie. Chez moi, à Paris, j'ai une pièce où l'on se croirait dans les appartements du pape… » Quelqu'un qui avoue : « J'ai transpercé des cœurs si purs, trop lâche pour me punir moi-même, mais ça, c'était avant ! », en se repentant d'avoir eu des relations sexuelles sado-maso, ne peut être tout à fait mauvais. Il affirme au sujet de la sainte : « Oui, c'est ma patronne ! La déesse des gens tourmentés, un peu en marge de la société. Celle des professions punies par la Covid : les gens du sexe, de la nuit, de la musique. Au fond, je me sens toujours en marge, moins qu'à mes débuts, mais ça reste anormal d'aller chanter devant du monde. » Lui devait-il la double récompense aux Victoires de la musique 2021, celle de l'artiste masculin et album de l'année pour son album *Grand Prix* ? Ça, il n'en dira rien…

La tout aussi rock'n'roll égérie de Dali et de l'underground londonien, Amanda Lear, déclarait en 2011 au journal *Libération* : « Dire qu'on est catho, c'est le comble de la provoc'. » Elle prie régulièrement et porte un chapelet béni par le pape. « Affirmer "oui, je suis catho" est bien plus provocateur à mes yeux que des œuvres blasphématoires comme *Piss Christ*, une création d'Andres Serrano qui représente un crucifix trempé dans l'urine. C'est d'autant plus vrai dans la société, où tout le monde cherche à provoquer. En ce qui me concerne, je n'ai pas à proprement parler fait de *coming out*, car je n'ai jamais vraiment cherché à dissimuler quoi que ce soit. Il y a une certaine pudeur à admettre sa foi catholique, comme une marque de faiblesse. Probablement à cause de toutes ces interdictions : pas de viande le vendredi, pas de baise hors mariage, pas de capotes… Et puis, il y a parfois un fanatisme insupportable. Peut-être que l'on parle plus de notre foi quand on traverse une période difficile. Certaines personnes m'ont accusée de vouloir me faire de la pub et ont moqué cette foi contraire à mon côté femme fatale, glamour. Mais cette image publique liée à mon métier ne m'empêche pas de prier au volant, dans ma loge au théâtre, en peignant… Cela me donne le courage de continuer, de lutter, de tenir le coup face aux épreuves. À l'inverse, d'autres semblent se reconnaître dans mon admiration pour sainte Rita, la sainte des petites gens. Je vais parfois à l'église de Pigalle, où les filles qui font le trottoir y prient, elles aussi. »

Mireille Mathieu, la demoiselle d'Avignon à l'éternelle coupe au bol, célèbre pour sa voix puissante et son accent méridional, venait régulièrement se recueillir devant la statue de sainte Rita à l'église Saint-Philippe-du-Roule où je la croisais. En 2005, un journaliste de *Libération* avait écrit : « Mireille pense que la nature qui chante est une effusion de Dieu, c'est pour cela qu'elle porte sa médaille de baptême qui ne la quitte plus. Puis il y a la croix "de concert" qu'elle porte en sautoir, mais qui n'est pas la croix "de tous les jours". » Elle lit l'Ancien Testament, se signe avant d'entrer en scène et affirme que c'est « Dieu qui lui a donné cette voix ». Chaque année, au mois d'août, elle organise une messe pour son père, décédé en 1986, et son manager Johnny Stark, disparu en 1989, et prie une fois par semaine sainte Rita, à l'église Saint-Philippe-du-Roule, à Paris.

Sainte Rita, « divin » manager, les avait poussés à atteindre de nouveaux sommets.

ON ÉTAIT LOIN DU PARADIS

La veille du départ pour Cascia, je me tourne et me retourne dans mon lit jusqu'au petit matin. À peine endormie, l'alarme de mon iPhone sonne. J'enfile un jean, une polaire et file dans la cuisine pour boire un thé brûlant. Chargée de mon sac sur le dos, j'embrasse ma mère, comme si je partais à la guerre. Le taxi entame son trajet le long de la coulée verte, ruban de verdure qui serpente entre le Théâtre national de Nice et la mer où dauphins, baleines, tortues en bois – attractions géantes pour enfants – évoluent dans une jungle d'oliviers, de caroubiers, de figuiers. Estrosi, ou Tistou les pouces verts, aime sa ville et ça se voit. Lui aussi est un adepte de la sainte. On le voit parfois au café du Palais en compagnie du frère Georges et du sacristain Julien et, chaque 22 mai, jour de la fête de Rita, dans un même élan que les fidèles, il tend sa rose au prêtre pour la bénédiction. Ce maire aux allures de Kennedy niçois avait confié à ma mère que ses concitoyens étaient partagés entre sainte Réparate et sainte Rita, mais que sa paroisse de cœur était celle de l'Ombrienne. Il y puisait la bonne inspiration pour gérer sa cité et s'efforçait de transmettre à ses enfants l'affection qu'il portait à sa belle protectrice.

La voiture se rapproche des immeubles ocre rouge et me dépose sur la place Masséna, au sol en damier noir et blanc. Je me dirige vers l'hôtel Régence, dans la zone piétonne, point de ralliement des pèlerins, en même temps qu'une flopée de vieilles qui traînent des valises à roulettes. Dire qu'à quelques kilomètres de là les stars, en robes longues, s'apprêtent à monter les marches du Palais des festivals de Cannes tandis que je gravirai le rocher de Roccaporena – village de la sainte – en polaire Quechua. Tapis rouge contre sentier escarpé.

Le peloton de « White is beautiful » a grossi à vue d'œil. Fini, les teintures abricot assorties aux poils de leur caniche. Mon coiffeur prétend que c'est tendance sur Instagram. Pour certaines, coté coupe, « on est sur » (pour reprendre les mots de mon coiffeur) un dégradé court, avec une repousse blanche au sommet du crâne, façon Agnès Varda, prêtresse de la Nouvelle Vague. Un moyen subtil de se sanctifier au regard du public. Côté chaussures, « on est sur » de la Mephisto, plutôt de mauvais goût pour un pèlerinage. Et côté fringues, twin-set et foulard pour les élégantes et polaires pour les It girls du chemin de croix.

Qu'est-ce qui peut bien motiver ces jeunes filles intrépides à faire dix heures de car ? Des problèmes de santé ? Un veuvage douloureux ? Des héritiers pressés de les faire entrer en Ehpad ? Ou peut-être sont-elles venues chercher une dernière love story ? Avec un homme beau, jeune, riche et fou d'amour, bien sûr. Last chance, last call ! Si tout est *déjà* accompli, tout n'est pas *encore* fini. Tant qu'il y a d'la vie, y a d'l'espoir. Quoi qu'il en soit, ce n'est pas ici qu'elles vont le dégotter. Les seuls spécimens mâles présents sont deux pauvres vieux, bob vissé sur la tête, lunettes à double foyer sur le nez, qui se traînent derrière leur épouse sûrement venue prier pour rallumer leur cierge.

Deux prêtres se tiennent devant un trois-étoiles à volets verts. Celui au dos voûté, semblant porter sa croix, s'avance vers nous. On dirait qu'il tient un missel invisible entre les mains et récite la messe perpétuelle dans sa tête.

– Je suis le père François de la chapelle Sainte-Rita de Fontenay-aux-Roses, et voici le père Jean de l'église de Nice... qui n'a pas de cheveux, dit-il avec un fort accent canadien, en s'esclaffant.

La blague, c'est qu'il n'en a pas non plus...

– Oui, mais moi, je suis plus beau, renchérit l'autre.

La blague, c'est qu'ils sont aussi beaux l'un que l'autre...

– Notre chauffeur s'appelle Manu et nous aurons le plaisir de vous accompagner durant ces cinq jours de pèlerinage.

À côté d'eux, avec ses cheveux noués en catogan, sa chemise à manches courtes et sa cravate rayée qui tombe sur un ventre bedonnant sous un pantalon un peu trop lâche, il paraît presque beau gosse.

– Salut, moi, c'est Manu donc… Sachez que dans le car vous avez le choix entre des boissons avec ou sans bulles, et la bonne nouvelle, c'est que les bulles ne sont pas plus chères ! lance-t-il en riant à sa propre blague.

Sacré Manu ! Je sens qu'on va bien rigoler.

– Je vous invite maintenant à vous diriger vers le car.

La Damart Team est dans les starting-blocks, les valises à roulettes vrombissent et le prêtre italien donne le signal du départ. La horde de crinières métalliques, boostée à l'essence divine, s'élance à l'assaut du véhicule. C'est une course effrénée où les premières arrivées auront la primeur des meilleures places, bravant ainsi la parole d'Évangile : *Les premiers seront les derniers et les derniers seront les premiers.* Je les laisse me doubler, car, contrairement à elles, je vise le dernier rang… pour m'allonger.

– Les places sont déjà attribuées, m'annonce le chauffeur en me remettant le livret du pèlerin intitulé *Sur les pas de sainte Rita, femme de foi et de persévérance.*

Sur le siège à côté du mien, une dame corpulente à la longue tresse grise dans le dos et aux lunettes rondes est déjà installée. Le père Jean commence l'appel en énumérant les Martine, Colette, Nicole, Monique, Jacqueline, pour lesquelles cinq mains se lèvent d'un coup, provoquant l'hilarité générale. Ma voisine, quant à elle, se prénomme Christiane.

Sur la route, le Canadien se met à dérouler son CV.

– Avant d'être prêtre, j'étais infirmier spécialisé en psychiatrie, ça m'a permis de repérer quelques cas parmi vous…

Les rires chevrotent.

– Nous arriverons à Roccaporena en fin de journée, le village natal de sainte Rita. Ce voyage est avant tout un temps de ressourcement et de prière pendant lequel nous irons à la rencontre du Seigneur. Dans un esprit de foi profonde, nous chanterons et louerons l'amour de Dieu et tous ensemble nous réciterons le chapelet.

Durant les deux heures quarante de trajet qui nous séparent de Gênes, nous ânonnons les *Notre Père* et les *Je vous salue Marie*, en contemplant le paysage qui s'étire sous nos yeux. Entre les tunnels, la vue s'ouvre sur de larges rades bleu marine, et à partir de Menton, oliviers, orangers, citronniers « customisent » les contreforts alpins jusqu'à Vintimille. Aux abords de l'Italie, les « gallerie » se succèdent, offrant un jeu de lumières fugitives et d'ombres éphémères.

– Il y en a soixante-quinze ! s'exclame mon voisin, qui s'est amusé à les compter, tandis que Christiane me submerge de détails sur la vie de sa cinquième petite-fille sur douze petits-enfants.

La halte dans un Autogrill, suspendu au-dessus de l'autoroute, met providentiellement fin à son monologue. Les petites dames descendent en rappel les hautes marches du car. Pour peu que l'une d'elles lâche et c'est toute la cordée qui dégringole. Tomettes rouges, tables en bois, plateaux en plastique. Au menu, une variété de pâtes dans toutes leurs déclinaisons, du veau aux petits pois et des poissons carrés panés. Dans la file devant moi, le père François passe sa commande :

– *Pesce, per favore.*

Pesce, le mot italien pour « poisson » qui se prononce « péché ». Je tente une blague.

– Péché ? Ai-je bien entendu, mon père ?

Son rire crispé me fait comprendre que ma petite plaisanterie ne fait rire que moi. Je règle ma platée de nouilles à la caissière aux paupières bleu électrique et cherche une table où m'installer. Je prends place à côté d'un couple d'Antillais et engage la conversation, en leur confiant que c'est mon premier pèlerinage. Pour eux, c'est pareil.

– Comment avez-vous découvert l'existence de sainte Rita ?

Ils ne s'en souviennent plus. Sont-ils venus pour lui rendre grâce ou solliciter une faveur ? Rien de tout cela, s'offusquent-ils. Auraient-ils honte d'avoir recours à une force supérieure pour affronter les épreuves de la vie ?

– Maintenant que nous sommes à la retraite, nous en profitons pour voyager. C'est tout !

Aux toilettes, les dames dans la file d'attente se disputent la place, chacune clamant sa légitimité. Je laisse passer les plus pressées, qui ne daignent même pas me remercier, considérant sûrement que leur âge avancé est un passe-droit. De retour sur le parking, je m'assois sur une borne et regarde les voitures passer dans un flux ininterrompu, en attendant le moment du départ. Deux femmes, la soixantaine, l'une en pull léopard et l'autre scintillant de paillettes, s'approchent de moi, curieuses de savoir si ma voisine dans le car est ma mère. Je leur réponds que non.

– Comment faites-vous pour supporter cette pipelette ? Vous êtes une sainte ! Nous qui sommes derrière vous, nous n'en pouvons plus !

Par charité chrétienne, je m'abstiendrai de leur avouer que, moi non plus, je n'en peux plus. Quand je pense qu'il me reste encore cinq heures à tenir.

Dieu soit loué, Christiane, en pleine digestion, somnole déjà. Je me cale contre la vitre pour en faire autant. À mon réveil, le paysage a changé. Des collines veloutées, ornées d'oliviers centenaires et d'anciennes demeures bordées d'allées de cyprès, semblent surgir de la palette d'un peintre. Après avoir traversé les villages de San Gimignano et Volterra, le car entame une série de virages abrupts dans les Abruzzes grises et austères qui s'enchaînent sans que l'on puisse en entrevoir la fin. Un autre tunnel débouche sur une imposante montagne, puis un pont, une rivière, un magasin de jambons cuits, et enfin devant nous la statue monumentale de la sainte, dressée à l'entrée de son village natal. Œuvre du sculpteur libanais Nayer Alwan, « bénite par le pape François sur le parvis de Saint-Pierre en 2015 », nous informe le père François.

– Elle mesure six mètres de haut et pèse trente tonnes. Elle a été sculptée dans une roche blanche provenant du village de Tartej au Liban. Comme vous pouvez le voir, elle est représentée debout tenant une rose à la main droite – symbole des grâces – et un pied de vigne – symbole de la patience et de l'humilité – surmonté d'un Christ en croix, dans la main gauche.

En découvrant ce village de quelques modestes habitations de pierre, encaissé dans les montagnes, à l'unique virage donnant sur nulle part, mon cœur se serre. C'était ça, le lieu sacré qui inspirait tant de dévotion ? Moi qui m'étais imaginé en arrivant là être éblouie par une lumière céleste, et voir émerger de nuages aux couleurs irréelles de facétieux putti.

On était loin d'une vision paradisiaque. Vivre ici, c'était vivre un hiver éternel. Même en plein été. Pas un restau sympa affichant au menu une « pizza margherita », ni d'hôtel au charme séraphique, ni même de placette fleurie de roses, symboles de la sainte. Je n'osais même pas imaginer l'ambiance qui y régnait à l'époque de la vendetta, de la peste et du brigandage. Pauvre Rita... On comprend mieux pourquoi cette région a vu naître autant de saints : saint François, sainte Claire, saint Benoit, Scolastique, Valentin, sans oublier les ermites, les anachorètes et les ecclésiastiques. Ombrie la sainte, « *terra dei santi* », comme on l'appelle ici. À Hawaï, on est surfeur. À Paris, Rastignac. Et, en Ombrie, saint. On ressent bien que la vie de sainte Rita a été marquée par la rigueur de cet environnement. L'austérité du village rappelle aux pèlerins que la sainteté ne réside pas dans les apparences.

Les petites dames redescendent en rappel les hautes marches du car et se ruent vers l'hôtel des pèlerins – une bâtisse de pierres blanches au pied d'une colline – comme portées par la foi ou plus sûrement une envie pressante. Agglutinées à la réception, elles tentent de récupérer la clé de leur chambre tandis que je m'interroge : laquelle d'entre elles sera ma coloc' ? La gagnante est… Jacqueline de Metz ! Je lui souris, elle me jette un regard furtif et file vers l'ascenseur, sans m'attendre. Je me résigne à prendre l'escalier et me retrouve à l'étage devant une porte close. Je frappe à plusieurs reprises avant qu'elle ne s'ouvre enfin, sur un fond sonore de chasse d'eau. À l'intérieur, le mobilier est composé de lits jumeaux, ornés chacun d'un crucifix et d'une armoire en contreplaqué. Jacqueline – plus matrone que madone – s'affaire déjà à ranger ses culottes montantes et ses soutiens-gorge Playtex dans les tiroirs. D'un ton qui ne laisse place à aucune négociation, elle s'approprie le lit proche des toilettes.

– Comme ça, je ne vous dérangerai pas pendant la nuit…

Je me laisse tomber sur celui près de la fenêtre, avec vue sur le Scoglio, ce fameux rocher duquel la sainte était descendue pour apparaître en pleine nuit au pied du lit de ma mère, il y a une vingtaine d'années. Rita avait pointé sa poitrine du doigt d'où avait jailli un rayon « laser » qui la transperça sous le sein droit. De retour à Paris, une douleur persistante, assortie d'une petite fièvre, l'avait conduite chez un radiologue qui l'informa que son poumon droit était rempli de liquide pleural. Cette pleurésie nécessita une longue prise d'antibiotiques, mais la cicatrice ne disparut jamais, on pouvait encore la distinguer sur les radios, tel un stigmate.

– Il n'y a pas d'autre oreiller, ni de couverture supplémentaire…, se lamente Jacqueline

Je vais devoir rouler ma parka en boule pour la glisser entre mes cuisses et dormir en chien de fusil, comme j'aime, ça rééquilibre ma posture et réduit, au passage, mes douleurs.

– Les vêpres commencent dans cinq minutes ! lance-t-elle en catastrophe.

Je la suis dans le froid jusqu'au sanctuaire, de l'autre côté de la rue. Bancs en bois clair, piliers ornés de branches de vignes, bouquets de roses sculptés. Les trois saints de prédilection de sainte Rita sont représentés. Sur les mosaïques de l'abside, saint Nicolas de Tolentino, soleil eucharistique sur la poitrine, tient un livre dans une main et un lys dans l'autre. Saint Augustin, visage brûlé par le soleil africain, s'appuie sur sa crosse tandis que saint Jean-Baptiste, revêtu d'une peau de chameau et d'une cape rouge, bénit de la main droite et brandit de l'autre la bannière de la Croix. Ce sont eux qui l'ont fait entrer dans le monastère de Cascia et l'ont conduite au paradis, au moment de sa mort.

À la fin de l'office, je me hâte, tout comme les autres, vers le réfectoire de l'hôtel pour m'attabler. Les serveurs nous apportent des friands au jambon, des pâtes blanches à la saucisse, des pâtes rouges aux petits pois, des blettes et du flan. Une abondance de mets, frôlant le péché de gourmandise. Au cours du repas, malgré les bouches pleines, les langues se délient. Certains pèlerins sont venus rendre grâce à leur bienfaitrice, quand d'autres espèrent un miracle.

Monique, ancienne libraire à Quimper, nous confie qu'elle vient chaque année pour remercier la sainte de l'avoir guérie spontanément d'une tumeur au cerveau. À côté d'elle, Maryse fait le pèlerinage pour demander à la sainte de protéger son petit-fils qui doit bientôt subir une greffe de la moelle osseuse, en raison d'une leucémie. En face d'elles, Michelle et Bernard, mariés depuis trente-quatre ans, lui est à la retraite et elle est secrétaire au diocèse d'Évreux, ils ont une fille hémiplégique. Grâce à la sainte, celle-ci parvient à vivre presque normalement avec l'aide de gens qualifiés. Ainsi que le fils de Danièle, victime d'un accident de la route. Quant à la fille de Françoise, elle a traversé un divorce tumultueux, mais, grâce à la sainte, elle entretient maintenant de bonnes relations avec son ex-mari, et sa petite-fille, qui avait du mal à concevoir, vient de mettre au monde un garçon.

À la fin du repas, le prêtre reprend la parole pour nous informer que le programme débutera par une visite du village, avant de nous souhaiter une bonne nuit.

Dans la chambre, j'enfile mon pyjama, remets mon pull et garde mes chaussettes tandis que Jacqueline émerge de la salle de bains, tel un papillon nocturne, dans une chemise de nuit à fleurs thermolactyl. À mon tour de faire mes ablutions. Mon dentifrice est au bout de son rouleau. Deux, trois mouvements de ma brosse à dents, de bas en haut, et je retourne dans la pièce, où elle ronfle déjà, dentier offert à la lune. Comment vais-je réussir à fermer l'œil dans ce trou perdu ? Et sans réseau en plus ! En me déconnectant pour me reconnecter à Lui.

Vivre l'instant, plutôt que l'Insta.

LA PAIX DU CHRIST

Le lendemain matin, la machine à café crache un liquide brûlant dans ma tasse. J'ai apporté mes cracottes au sarrasin, réputé pour ses vertus apaisantes sur le système digestif, ma vitamine C liposomale, pour atténuer les inflammations, et mon sachet de thym bio pour ses propriétés anti-inflammatoires, dans l'espoir que cette approche « holistique » fasse un miracle… Au buffet, les pèlerins remplissent leur assiette de jambon fumé, de pecorino, de beurre, de gâteaux secs, tandis que d'autres tartinent un pain caoutchouteux d'une confiture en plastique.

En sortant de l'hôtel, j'aperçois le voilage d'une fenêtre bouger. Sûrement une riveraine qui épie les allées et venues des visiteurs. Seule distraction de sa journée dans ce village isolé, où le temps semble s'étirer plus lentement qu'ailleurs. Gardienne du temple « ritien », elle les observe en retrait du monde. Mais contrairement à la sainte, qui a vu le ciel s'ouvrir dans la cellule du monastère, elle semble confinée dans une existence basse de plafond.

À huit heures trente, nous nous retrouvons pour les laudes au sanctuaire. Un édifice en pierres blanches, semblable à l'ensemble des constructions du village. Sur le parvis, une statue capte mon attention. Celle d'une femme en bronze, regard et bras levés vers le ciel. Grande, presque massive, ses pommettes sont saillantes, son nez légèrement aquilin et pointu au bout. Je suppose que c'est Rita. Même si elle est décrite comme étant petite et qu'elle est revêtue non pas d'un habit de religieuse, mais d'une robe de paysanne. Elle semble demander à Dieu : « Pourquoi mon homme a-t-il été assassiné alors que j'ai tant prié pour pacifier son cœur ? » On imagine à ses pieds le corps de celui-ci gisant dans une mare de sang, à la place de ce plan carré d'eau, peu profond. « Ne portant aucune arme depuis sa conversion, il ne put se défendre et fut tué sauvagement, près du moulin qu'il possédait sur la rive droite du Corno », lit-on dans la biographie de sainte Rita écrite par Mgr Luizi De Marchi[1].

Tout le monde entre dans l'église et je ferme le cortège. Assise au fond, j'observe les rangées de têtes

1. *Sainte Rita, la sainte des cas impossibles et désespérés*, Luigi De Marchi, trad. Mathilde Rossi, Apostolat de la presse, 1953.

grisonnantes qui s'abîment dans la prière. Où sont les jeunes ? N'ont-ils pas besoin de donner du sens à leur vie ? Faut-il n'avoir pas d'autre perspective que la mort pour se tourner enfin vers Dieu ? C'est probablement, pour eux, un moyen d'apprivoiser la peur de la maladie et de la souffrance. Ils viennent ici pour faire amende honorable en vue de gagner leur paradis.

Pendant le prêche, le prêtre nous raconte la vie de l'enfant du pays :

– Les parents de Rita, Antonio Lotti et Amata Ferri, étaient de pieux paysans, selon certaines sources, ou des bourgeois, selon d'autres, mais plus sûrement des pacificateurs à une période où la vendetta sévissait. Dès son plus jeune âge, Rita désirait se consacrer à Dieu. Cependant, ses parents, vieillissants et inquiets, l'incitèrent à épouser Paolo Mancini, un jeune notable, capable de la protéger en ces temps troublés. En effet, le village de Roccaporena, bien qu'à sept cents mètres d'altitude, n'était pas à l'abri de l'agitation qui secouait l'Europe. La peste faisait des milliers de victimes et, depuis 1378, l'Église traversait une grave crise avec le Grand Schisme d'Occident. Le pape Grégoire XI, exilé à Avignon, était revenu mourir à Rome. Urbain VI, qui lui succéda, dut affronter un autre pape, puis un troisième. Urbain VI et Clément VII se livrèrent une lutte fort peu catholique pour occuper le siège de saint Pierre. Et Rita dans tout ça ? Confrontée au caractère irascible et violent de son mari, elle parvint, à force de prières, à l'adoucir. De cette union naîtront deux garçons, Giangiacomo Antonio et Paolo Maria. Malheureusement, après dix-huit années de mariage, Paolo fut traîtreusement assassiné par une faction adverse. À trente-six ans, Rita se retrouva avec deux fils prêts à venger leur père. Elle implora le Seigneur de les rappeler à Lui pour les empêcher d'enfreindre le sixième commandement : « Tu ne tueras point », et, peu de temps après, la peste les emporta. Elle se présenta alors au monastère des augustines de Cascia, mais l'abbesse la renvoya, car certaines moniales appartenaient à la famille du clan ennemi. Avec une détermination inébranlable, Rita passa de maison en maison pour exhorter chacun à embrasser la réconciliation. Son appel à la paix était si sincère et puissant qu'il toucha les cœurs endurcis. Dieu lui accorda le miracle tant attendu et, dans une immense joie spirituelle, elle finit par être accueillie au sein du monastère Sainte-Marie-Madeleine de Cascia. Sainte Rita est un exemple inspirant pour nous tous, car, durant sa vie, elle a su rendre les causes impossibles possibles.

LE CIEL, SEUL ICLOUD ACCESSIBLE

En sortant de l'église, le prêtre nous conduit à la maison dite natale de Rita.

– Les actes du procès de béatification n'ont pas pu le certifier…, nous précise le père François.

C'est une habitation étroite, coincée entre deux bâtisses, qui, à l'origine, ne comprenait qu'une seule pièce, sombre et exiguë, au plafond bas. Le mobilier était spartiate : une table mal charpentée, flanquée de tabourets en chêne massif, un bahut imposant et un lit rudimentaire qui donne la touche finale à ce tableau misérabiliste. Comment a-t-elle pu vivre dans cet endroit lugubre ?

– Elle y aurait peut-être vu le jour…

Ou plutôt la nuit, tellement on n'y voit rien malgré la fenêtre…

– À travers cette ouverture, des abeilles se seraient introduites dans la bouche de Rita, bébé, sans la piquer, nous raconte le prêtre.

Ah bon ? Ce miracle ne s'était-il pas produit à l'ombre d'un arbre pendant que ses parents travaillaient aux champs, comme je l'ai lu ?

On raconte en effet qu'un paysan, blessé à la main, avait découvert le berceau au milieu d'un essaim et que, en cherchant à éloigner les abeilles, sa plaie s'était miraculeusement refermée.

Le père François nous invite à admirer le Scoglio par la petite fenêtre.

– C'est là que la sainte aimait s'isoler pour prier.

Sur ce rocher escarpé qui surplombe une vallée embrumée et sinistre ?

Je l'imagine grimper tout là-haut pour tenter d'échapper à cet horizon bouché, en se connectant au seul iCloud accessible à tout moment et sans réseau : le ciel. Là-haut, ses secrets étaient protégés par la bienveillance divine, aucun pirate ne pouvait intercepter ou corrompre ses données spirituelles et il lui suffisait de lever les yeux pour se connecter.

La visite se poursuit dans la maison conjugale de Rita, située à l'entrée du village, au pied d'une haute roche qui abrite la Grotte d'or. Un autre lieu de recueillement transformé en chapelle.

– Le cardinal Fausto Poli a fait restaurer cette maison au XVIe siècle. Rita y aurait vécu à partir de son mariage jusqu'à son admission au monastère de Sainte-Marie-Madeleine. Malgré le tremblement de terre de

1599 qui détruisit quasiment tout le village, elle est restée intacte, comme l'atteste le procès de béatification de 1626.

C'est une construction rustique aux murs de pierres, surmontée d'un campanile.

Nous nous rassemblons sous le porche autour du prêtre qui nous narre l'histoire de Paolo. Celui-ci avait envoyé un groupe d'amis chercher sa jeune épouse, munie de la traditionnelle *cassa nuziale*, une corbeille contenant son trousseau, des objets de cuisine et quelques cadeaux.

– Ils resteront mariés près de dix-huit ans. Paolo était un homme brutal, mais Rita supporta son caractère irascible avec patience. À force de prières, elle réussit à conduire son mari sur le chemin de la rédemption et à le ramener vers Dieu. Souvenez-vous, dans la neuvaine à sainte Rita, on reconnaît le lourd fardeau qu'elle a porté : « Vous avez beaucoup souffert du caractère violent, brutal, de votre mari, mais vous lui êtes restée fidèle, attentionnée, douce, patiente, aimable. Vous avez tellement prié pour lui qu'il s'est repenti, corrigé, et est devenu bon époux et bon père. Sainte Rita, veillez sur les foyers. Obtenez aux époux la force, le courage pour vivre ensemble dans la paix, l'amour et la fidélité… »

À côté de moi, Isabela, une Brésilienne de cinquante ans, semble émue. Son mari, Ronaldo, d'origine portugaise, l'a battue durant de nombreuses années.

– Malgré les dépôts de plainte, les flics n'ont rien fait et son agressivité n'a fait qu'augmenter, alors je suis allée jusqu'à Santa Cruz. Là-bas, il y a une statue de santa Rita, qui mesure plus de cinquante mètres de haut, et je lui ai demandé d'intercéder auprès de Dieu pour adoucir le cœur de Ronaldo.

Prier une statue géante offre-t-il plus de chance d'être entendue qu'une simple statuette ? Peut-être que son pouvoir de transformation et de rédemption est proportionnel à sa taille.

Isabela a suivi l'exemple de sainte Rita en répondant à l'adversité par la prière. Faut-il pour autant renoncer à toute forme d'action ? Sûrement pas. La prière peut parfaitement coexister avec un engagement ferme. Rita n'est pas une figure de faiblesse et de passivité, mais plutôt un symbole de force intérieure.

– Finalement, il s'est calmé quelque temps après avoir été amputé de la jambe droite à cause du diabète, mais maintenant je dois m'occuper d'un handicapé et cela me pèse parfois.

Était-ce le prix à payer ?

Certaines personnes s'étaient ouvertes à moi. Un ami comédien avait décroché un grand rôle dans un film après avoir envoyé sa femme, agent d'artiste, le proposer à un réalisateur qui, au passage, la lui avait volée. Une arrière-grand-tante avait demandé la guérison d'un cancer du sein. Son vœu avait été exaucé, mais elle avait malheureusement succombé aux suites du traitement. Ou encore une de mes amies qui avait demandé l'amour d'un homme, déjà engagé avec une autre, et qui l'avait vu revenir vers elle cinq ans « trop » tard, alors qu'elle n'était plus amoureuse.

Dieux grecs ou saints latins, tous se jouent de nous...

Le père François entre dans la maison maritale, aménagée en chapelle. Dominant l'autel, un imposant tableau de couleur dorée orangée représente Rita, agenouillée devant un crucifix en train de recevoir l'Épine de la Couronne. Au-dessus d'elle planent d'adorables putti tandis qu'en arrière-plan on aperçoit un paysage hivernal.

– L'ancienne propriétaire, dame Diamante, avait une mère qui lui raconta une légende selon laquelle un ange venait régulièrement visiter Rita à travers une ouverture dans le toit, d'où elle pouvait contempler le ciel. Chaque fois qu'un nouveau propriétaire s'installait dans cette maison et entreprenait de la murer, il la retrouvait ouverte, le lendemain. Après la mort de la mère, la fille décida de recouvrir l'ouverture de tuiles, mais, au petit matin, quelle ne fut pas sa surprise de découvrir qu'elles avaient été écartées. Cela se répéta une fois encore, alors la fille s'en remit à la volonté de Dieu.

Doit-on y voir une analogie avec le stigmate de l'épine au front de la sainte qui ne cicatrisera jamais ?

À quelques pas de là se trouve la « Maladrerie », un bâtiment de pierres blanches tout en longueur, aux portes-fenêtres en bois arrondies. Le prêtre continue son récit :

– À l'origine, trois pièces constituaient ce lieu, il n'en reste plus que deux. Regardez les fresques… Au-dessus de la porte, vous pouvez voir San Montano, le saint protecteur de Roccaporena, à côté de lui l'archange Gabriel qui délivre son message à la Vierge Marie, Dieu le Père avec un globe terrestre, à sa gauche la colombe de l'Esprit-Saint qui envoie des rayons de lumière jusqu'au cœur de la Vierge (…), et dans la niche du mur, sainte Lucie qui tient dans une coupelle ses globes oculaires. Durant les épidémies de peste, ce dispensaire était administré par une communauté de femmes dont la dévouée Rita qui soignait les malheureux.

Rita ne craignait pas la maladie, que dis-je, la peste ? Et dire qu'au moindre écoulement nasal je me précipite sur Doctolib.

SAINTE : MODE D'EMPLOI

Comment devient-on sainte, au fait ?

Ce don divin nécessite un charisme inné, une aptitude exceptionnelle à la spiritualité, et un environnement familial religieux. Les parents de Rita étaient surnommés les Porte-Paix de Jésus-Christ, ceux de Thérèse de Lisieux, Zélie et Martin, furent proclamés saints, tout comme Monique, la mère de saint Augustin. « Postuler » à la sainteté, à l'ère du culte de soi et de la célébrité pour tous, est une « place » que personne ne brigue. De nos jours, mieux vaut être la patronne des influenceuses, comme Kim K, plutôt que la patronne des causes désespérées, comme Rita. Connectée à Instagram plutôt qu'à Dieu. Stigmatisée par l'aiguille du chir' plutôt que par l'épine de la couronne du Christ. Illuminée par le flash de son iPhone plutôt que par la lumière céleste. Retirée dans une résidence en Californie, plutôt que dans un monastère en Italie. Mariée à un rappeur qui se prend pour God plutôt qu'à Dieu lui-même.

Devenir sainte serait pourtant un moyen de se démarquer de ses contemporains. « Soyez saints, comme Je suis saint » (Lévitique 11, 44, etc.).

Si j'avais un tant soit peu d'ambition, c'est ce que je viserais. Seule petite formalité à régler : être canonisée. Selon la procédure de canonisation par l'Église catholique, il faut d'abord que quelqu'un demande votre béatification auprès d'un évêque et ensuite il faut répondre à trois critères :

Être décédée.

Ça devrait pouvoir se faire…

Depuis cinq ans.

Pour éviter tout réveil intempestif appelé résurrection ?

Avoir mené une vie chrétienne exemplaire.

Saint Augustin et Charles de Foucauld n'ont pas toujours été de petits saints avant d'en devenir de grands. À croire que la meilleure préparation à la vie mystique est une vie de débauche.

Venir en aide aux malades et aux plus démunis et propager la bonne parole.

Charité bien ordonnée commence par soi-même…

Avoir accompli au moins deux miracles de son vivant, comme une guérison de malades incurables, un sauvetage miraculeux lors d'une catastrophe ou avoir été tué après avoir refusé d'abjurer sa croyance religieuse.

Pour ça, il suffirait de croiser un fou de Dieu dans une église et de crier : « Mon Dieu, sauve-moi » avant qu'il ne vous tranche la gorge. Et là, c'est la sanctification, direct.

Après quoi, l'évêque de mon diocèse pourra déposer ma candidature à la sainteté auprès du Vatican.

En ce qui me concerne, je ne connais que le prêtre de ma paroisse. Et encore... L'église va enquêter sur mon cas, se pencher sur ma vie, mon œuvre. Et là, il faudrait un miracle pour y trouver matière à miracles.

Parce que c'est sur ce dernier point que ça coince.

Le pape, en tant que vénérable, devrait d'abord valider ma vie de dévote ou de martyre, première étape de mon procès de canonisation, puis examiner attentivement mes exploits miraculeux. Encore une « foi » n'est pas appelé qui veut.

En attendant, je peux toujours m'entraîner à la sainteté en faisant plus souvent l'aumône au SDF qui squatte le distributeur automatique en bas de chez moi. Seulement, à chaque fois que je lui tends un billet et qu'il me serre longuement la main avec ses doigts noircis de crasse, de pisse, de vin, et probablement de gale, aussi, c'est plus fort que moi, ça me dégoûte. Une sainte comme Rita lui aurait donné sa main, que dis-je, son cœur. Concernant le bénévolat, ce n'est pas mieux. Camille, une amie de collège, m'a proposé de l'aider dans son association Un petit bagage d'amour. Après avoir passé deux fois trois heures dans la crypte de l'église Saint-Sulpice à remplir des sacs de grenouillères et de joujoux usés, pour des mamans dans le besoin, j'avais rendu mon tablier.

– Je suis désolée, Camille, je ne pourrai pas continuer, mais je peux te faire un chèque.

Seulement, même en y mettant le prix, je ne suis pas parvenue à racheter ma culpabilité. S'engager pour son prochain, c'est vivre en conformité avec l'Évangile. La foi doit s'incarner dans le monde par des actes concrets. La vivre pour soi seul est absurde, c'est en aidant les plus démunis qu'on se rapproche de l'amour divin. Mon amie avait eu ces mots charitables :

– Il y a différentes façons de donner. Tu n'as simplement pas encore trouvé la tienne. Je suis sûre que tu y parviendras un jour.

Sainte Camille.

LA SAINTE DE LA ROSE

Nous continuons notre visite du village en prenant le sentier qui monte jusqu'au jardin de Rita. Là, sous une cavité rocheuse dont les parois noires sont piquées de bouts de papier blancs, Voie lactée de vœux, se trouve une statue en bronze. Elle représente la sainte sur son lit d'agonie, sa cousine penchée au-dessus d'elle, lui tend une rose. L'histoire raconte que Rita lui aurait demandé de retourner dans son village natal pour la lui cueillir dans son jardin.

– Les rosiers sont secs en plein hiver, lui répondit sa cousine, surprise.

Contre toute attente, elle en trouva une et la lui porta. Rita en huma le parfum suave sous le regard émerveillé de ses sœurs. Cet épisode est à l'origine de l'image de la sainte répandant des roses, symbole des grâces qu'elle a obtenues pour ceux qui l'ont sollicitée.

« La dévotion à sainte Rita dans le monde est symbolisée par la rose. Il faut espérer que la vie de tous les fidèles soit également comme la rose cueillie dans le jardin de Roccaporena au cours de l'hiver qui précéda la mort de la sainte », a dit Jean-Paul II.

Rita s'est éteinte le 22 mai 1457, à l'âge de soixante-seize ans. Ce jour-là, une lumière céleste inonda le monastère, et au-dessus de son corps flottait une délicate fragrance de rose. Le peuple de Cascia l'a alors proclamée sainte. Il faudra attendre 1626 pour qu'elle soit béatifiée par Urbain VIII, et 1900 pour qu'elle soit canonisée par Léon XIII.

À la queue leu leu, les pèlerins se collent au flanc de la moribonde. Son visage émacié, ses traits marqués et ses lèvres crispées contrastent avec l'expression extatique de la Thérèse d'Avila du Bernin : la tête rejetée en arrière, les yeux mi-clos et la bouche entrouverte. À force d'avoir été embrassée et touchée par une multitude de nécessiteux, le bronze est poli. Les bras de sa cousine sont recouverts de fleurs et de mouchoirs noués, tels les vœux cadenassés des amoureux du pont des Arts. Sur le socle transformé en autel, des veilleuses rouges et des cierges blancs brûlent tout autour d'elle, créant une aura sacrée.

Transporté par la scène, le père François prononce avec solennité :

– Celui qui a connu la souffrance comprend celui qui souffre.

Des larmes montent aux yeux d'Évelyne. Jacqueline, Christiane et moi nous empressons de l'entourer. Elle nous raconte qu'en mars dernier son mari l'a quittée pour une autre. Une situation douloureuse qui l'a contrainte, quelques mois plus tard, à vendre leur maison.

– C'est en promenant ma chienne, Cannelle, que j'ai découvert une maisonnette abandonnée. J'ai alors imploré sainte Rita d'intercéder en ma faveur pour que je puisse acquérir ce bien et, grâce à son intercession, j'ai été exaucée. Le jour même de la signature de l'acte, je me suis rendue sur les lieux et c'est alors que j'ai aperçu, sur un rosier dissimulé par les herbes folles, une rose…

Au tour de Maryse de fondre en larmes. Elle aussi a reçu un signe de Rita, à travers le symbole de la rose. Elle souffrait alors d'une cardiomyopathie hypertrophique. Une pathologie qui lui provoquait des essoufflements fréquents, des douleurs thoraciques et des palpitations cardiaques. Et grâce à l'intercession de sainte Rita, l'épaississement du muscle cardiaque a miraculeusement réduit, ramenant la fonction cardiaque à la normale. Quelques heures après avoir appris la bonne nouvelle, l'infirmière lui a offert des roses de son jardin.

Ces confidences nous rendent soudain témoins du mystère de la spiritualité. Nos cœurs sont comme unis dans un esprit de fraternité, au-delà des limites de l'espace et du temps.

L'ÉPREUVE ULTIME

Midi, c'est l'heure de la sexte. Un petit coup d'office rapide avant le déjeuner. Autour de la table, Claudine, une femme d'une soixantaine d'années au physique moelleux, partage avec nous son engagement sans faille aux côtés de son mari, qui affronte depuis un an deux cancers, à la prostate et à l'œsophage. Ensemble, ils ont travaillé près de quarante ans au sein d'une petite entreprise locale du Sud-Ouest. Gwenaelle, dans la quarantaine, mèches blond argenté qui encadrent un visage long aux traits tirés, évoque les échecs répétés dans sa quête de maternité, qui va de FIV en FIV. Les hauts et les bas, les attentes, les espoirs et les épreuves de ce processus éreintant. Éliane, silhouette délicate, assise bien droite sur sa chaise, s'épanche sur les difficultés qu'elle doit surmonter depuis trente ans, à cause de la sclérose en plaques. Cette maladie a impacté sa mobilité, qu'elle pallie en utilisant des aides à la marche. Josiane, lignes profondes sur le front, se tourmente pour son fils alcoolique et dépressif, qui a perdu son job et sa femme. Jacqueline ma coloc' nous confie qu'elle est venue pour son petit-fils atteint d'une tumeur au cerveau.

– Je l'ai confié à la Vierge Marie et à sainte Rita pour qu'elles le sauvent et l'aident à supporter les traitements de chimio et de radiothérapie.

Mes douleurs au ventre semblent bien dérisoires en comparaison de leurs malheurs. Seule Jocelyne, épaules affaissées, garde le silence. La lueur de son regard est éteinte, la couleur de ses yeux opaque. Comme Christiane, ma voisine de car, elle a connu l'épreuve ultime : la perte d'un enfant. Son fils Fabrice, marin pêcheur, a succombé à une cirrhose, à force d'essorer tous les bars du Havre. À la différence de Jocelyne, Christiane est restée présente à la vie pour ses autres enfants, son mari et, peut-être, pour elle aussi. Quoi qu'il en soit de leur état émotionnel respectif, toutes deux sont venues demander à celle qui avait aussi perdu deux fils, emportés par une épidémie de peste, de les aider à surmonter ce séisme intérieur. Le chagrin de ces deux mères rappelle à chacun de nous que la vie est faite de tragédies inattendues et de douleurs insoutenables. Et le courage de sainte Rita nous apprend que la force de la prière peut nous empêcher de succomber au désespoir. J'adresse un sourire de compassion à Jocelyne. Les deux extrémités de ses lèvres remontent sur son visage qui s'éclaire presque…

J'aimerais la serrer contre mon cœur.

PEUT-ÊTRE QUE SANS FAMILLE, NI AIDES SOCIALES, TU TIENS ?

À mesure que le car approche de la vieille ville de Cascia, toute de toits échelonnés, de terrasses suspendues et de rues pittoresques, apparaît en haut de la côte un grand édifice de style néo-byzantin en travertin blanc et aux clochers vert céladon. C'est la basilique Sainte-Rita.

Le père François nous conduit d'abord au couvent des augustines de Cascia. Un bâtiment austère, troué de petites fenêtres à barreaux, dont la lourde porte en bois est longtemps restée fermée à la sainte. En 1417, à la suite de la perte de son mari et de ses fils, elle demande à y entrer, mais l'abbesse refuse, car, parmi les moniales, certaines appartiennent au clan ennemi de son mari. Loin de se décourager, Rita passera de maison en maison pour exhorter chacun à la réconciliation. Dieu lui accordera ce miracle de pacification grâce à l'intercession de ses trois saints protecteurs :

saint Jean-Baptiste, saint Augustin et saint Nicolas de Tolentino. À l'âge de trente-neuf ans, elle pourra enfin embrasser sa vocation religieuse.

Autrefois, ce monastère abritait une église, où son corps a été conservé jusqu'à la moitié du XVIe siècle. Mais, face à l'afflux croissant de fidèles, les religieuses décidèrent de la démolir pour en bâtir une nouvelle dans laquelle la sainte fut transférée. En 1703, un tremblement de terre réduisit l'édifice en ruine. Pourtant, parmi les décombres, le corps de la bienheureuse resta miraculeusement intact, dans le chœur. Les moniales réunirent alors les fonds nécessaires pour en construire une nouvelle, la troisième, qui sera achevée en 1707, et dans laquelle Rita sera de nouveau transférée. C'est là que, le 22 mai 1628, la béatification a été solennellement célébrée par le pape Urbain VIII.

Dans la première cour intérieure, derrière un grillage, j'aperçois la vigne « miraculeuse ». Celle que Rita a arrosée chaque jour, sur l'ordre de la mère supérieure, alors qu'elle n'était qu'un cep desséché. Je l'imagine, dans sa robe de religieuse, d'un noir profond, traverser cet enclos pavé de pierres blanches, aller puiser de l'eau au puits et la verser ensuite sur ce bout de bois sec. Un entraînement quotidien à l'obéissance et à l'humilité.

– Vous pouvez voir dans le mur quelques petits orifices dans lesquels sont nichées des abeilles. Là, les insectes ont élu domicile, comme pour rappeler le miracle ritien.

Celui des abeilles qui entrent et sortent de la bouche de la petite Rita dans son berceau, sans la piquer.

Par un autre portail, à la droite des vignes, on pénètre dans l'ancien chœur du monastère. Une douce lumière filtre par deux hautes fenêtres, de part et d'autre de l'autel, donnant sur un petit cloître intérieur. Selon la croyance populaire, malgré la porte et les fenêtres closes, Rita, portée par ses trois saints protecteurs, accomplit un envol mystique, depuis le rocher de Roccaporena jusqu'à Cascia, réussissant à pénétrer ce lieu sacré.

Le père François nous fait brusquement redescendre sur terre :

– Les actes du procès de béatification ne font aucune allusion à un quelconque transport miraculeux. Ils mentionnent simplement que les trois saints sont apparus à Rita pour l'encourager à persévérer dans sa démarche d'entrer au monastère, malgré les refus répétés des moniales.

C'est en vision, donc, qu'elle se serait vue en leur compagnie. Pourtant le phénomène du transport mystique avait été expérimenté par une autre sainte, Thérèse d'Avila. Elle en témoigne dans son livre *Vie écrite par elle-même* :

« Mon âme était enlevée, et même ordinairement ma tête suivait ce transport sans qu'il y eût moyen de la retenir, quelquefois même le corps tout entier était emporté, lui aussi, et ne touchait plus terre. (…) Lorsque je voulais résister au ravissement, il me semblait que des forces si puissantes, que je ne sais à quoi les comparer, me soulevaient par les pieds. (…) J'avoue même que, dans les débuts, j'étais saisie d'une frayeur très vive en voyant mon corps ainsi élevé de terre. »

Alors pourquoi Rita n'aurait-elle pas été transportée par les saints jusqu'au monastère ?

La visite continue à l'étage. Une pièce nous dévoile un cercueil fermé en noyer, qui abritait jadis le corps de la sainte. Sur le couvercle, une peinture la représente allongée, mains croisées sur la poitrine, enveloppée du voile de l'ordre. Ses pieds nus reposent sur un drap rouge parsemé de petites croix florales. Son visage est serein, ses yeux clos et ses lèvres scellées.

En arrivant devant la cellule exiguë de Rita, chacun de nous observe une minute de silence. Comme si l'étroitesse du lieu exigeait un respect solennel. Sa dévotion ardente, ses sacrifices extrêmes et sa capacité à endurer des conditions de vie si difficiles dépassent notre entendement.

Peut-être que sans famille, ni aides sociales, tu tiens ?

Comment a-t-elle pu vivre près de quarante ans dans ce placard ? Peut-être que sans famille, ni aides sociales, tu tiens...

En nous parlant de ses conditions de vie, le père François semble nous décrire une téléréalité de survie extrême :

– Cette cellule mesure 3,43 m sur 2,57. Rita dormait probablement à même le sol. Sur une petite table, elle avait disposé les instruments de la discipline, qu'elle s'infligeait trois fois par jour, et son crucifix. Un jour, elle pria si ardemment qu'une épine se détacha de la couronne du Christ pour se planter dans son front. La plaie suintera durant les quatorze années qui lui resteront à vivre.

Une analogie subtile pour nous rappeler que les souffrances de la vie peuvent devenir des liens sacrés avec le divin.

Et dire que je Le prie ardemment pour qu'Il me délivre de la couronne d'épines qui me transpercent le ventre... J'ai honte...

– L'essence du cheminement intérieur réside dans la capacité d'accueillir le mal et de trouver la paix au cœur même de l'incompréhension, en acceptant de faire confiance à Dieu, ajouta-t-il... sûrement pour en rajouter une couche.

Certes... mais j'ai trop mal au ventre ! Lamentable... Je suis lamentable. Aucune dimension spirituelle, vraiment. Mais qu'y puis-je si je ne suis pas née sainte, comme Rita. Je n'allais tout de même pas me mettre la foi au court-bouillon pour atteindre ses sommets spirituels. Et puis... si on regarde la situation d'un peu plus près, quel mérite avait-elle ? Ici, richesses, pouvoir et plaisirs ne risquaient pas de venir la tenter. Au fond, les véritables héros sont des gens ordinaires qui font de leur mieux pour garder leur vie en équilibre.

– Sa plaie s'est mystérieusement refermée à l'occasion de son voyage à Rome. En ce temps, Nicolas V siégeait sur le trône pontifical. L'Église romaine sortait triomphante du Grand Schisme d'Occident. En 1450, des chrétiens du monde entier accoururent à Rome pour gagner l'indulgence plénière : la rémission des peines temporelles liées au péché. Rita avait demandé à la prieure des augustines de Cascia de consentir à la laisser les suivre, mais celle-ci refusa à cause de cette plaie qui exhalait une odeur fétide. Elle pria alors le Seigneur et, sa prière à peine terminée, la blessure disparut, pour la laisser aller à Rome. Elle réapparut à son retour de pèlerinage.

ODEUR DE SAINTETÉ

Suivis pas à pas par les petites dames, les prêtres s'acheminent vers la basilique. Elle apparaît d'une blancheur si éclatante sous le soleil qu'on dirait que le ciel bleu la détoure. L'intérieur a la forme d'une croix grecque avec ses quatre absides latérales et sa coupole centrale ornée de fresques aux couleurs chatoyantes, où le jaune et le bleu dominent. Elles représentent les anges, les saints, Jésus et la Vierge Marie. Des hommes, des femmes et des enfants défilent en procession pour apercevoir la bienheureuse allongée dans une châsse de verre et d'argent, sous un petit temple doré, derrière une grille de fer forgé. L'émotion me submerge en découvrant, à seulement quelques mètres de moi, son petit corps frêle. De profil, les traits de son visage semblent harmonieux, mais elle est trop loin pour que je puisse les discerner clairement. Les juges et les notaires de l'époque ont noté que « son corps entier, sans corruption, est recouvert d'une chair blanche, sans la moindre tache, avec les yeux bien ouverts et plus particulièrement le gauche, (...) tous ses cils sont bien détachés et, avec sa bouche légèrement entrouverte, on distinguait très bien les dents blanches... ». En 1704, afin de protéger cette précieuse relique des secousses sismiques, une baraque en bois a été construite dans le jardin du monastère, en attendant la construction d'une nouvelle église. Malheureusement, à force de déplacements, une légère décomposition a commencé à altérer son visage.

– En plus de l'extraordinaire état de conservation de son corps, une série de miracles a plaidé en faveur de sa canonisation, nous confie le père. C'est ici, en 1457, l'année de la mort de Rita, qu'une jeune fille muette de naissance a été amenée et qu'elle a récité, peu après, le *Je vous salue Marie,* suscitant l'étonnement de tous. La même année encore, une jeune femme du nom de Lucia, quasiment aveugle, est venue la prier et a recouvré la vue. Depuis sa mort, les témoignages de grâces reçues par l'intercession de la sainte n'ont jamais cessé, comme en témoignent les nombreux ex-voto que vous pouvez observer.

Ça me fait penser à celui de l'artiste Yves Klein, inventeur du bleu suprême et immatériel appelé IKB (International Klein Blue) et membre fondateur du Nouveau Réalisme. Il s'agit d'une lettre manuscrite enroulée autour d'une boîte en plexiglas. À l'intérieur se trouvent trois compartiments remplis de pigments bleu outremer, roses et de feuilles d'or. La partie inférieure abrite trois lingots d'or sur toute la longueur. Yves Klein s'adressa à la sainte en ces termes :

Sainte Rita de Cascia,

Je te demande d'intercéder auprès de Dieu le Père tout-puissant afin qu'il m'accorde la grâce d'habiter mes œuvres et qu'elles deviennent toujours plus belles, et puis aussi la grâce que je découvre toujours continuellement et régulièrement de nouvelles choses dans l'art chaque fois plus belles, même si hélas je ne suis pas toujours digne d'être un outil à construire et créer de la Grande Beauté. Que tout ce qui sort de moi soit beau. Ainsi soit-il... Que mes ennemis deviennent mes amis, et si c'est impossible que tout ce qu'ils pourraient tenter contre moi ne donne jamais rien, ni rien ne m'atteigne jamais – rends-moi, moi et toutes mes œuvres totalement invulnérables. Ainsi soit-il... Que mon exposition de Krefeld soit le plus grand succès du siècle et reconnu par tous...

Les moniales l'ont retrouvée durant la restauration du monastère de Cascia en 1980, après un tremblement de terre. Cette précieuse prière avait été confiée en secret à la sœur tourière du monastère de Cascia en 1961, après le succès de l'exposition rétrospective de l'artiste au musée de Krefeld en Allemagne.

Malheureusement, après la projection du film *Mondo cane* au Festival de Cannes, dans lequel il a été ridiculisé, Yves Klein fit une première crise cardiaque, suivie d'une seconde qui lui fut fatale quelques mois plus tard. Il avait trente-quatre ans. Sa femme, Rotraut, confia au journal *Les Échos* qu'il avait eu le pressentiment de sa mort imminente : « Une nuit, il m'a dit qu'il pensait qu'il allait bientôt mourir. Il avait les yeux sombres comme s'il allait pleurer. » Il traversa le monde artistique telle une météorite.

Cette profusion de miracles galvanise mes petites grands-mères, qui s'abîment littéralement dans la prière. De la station assise, elles sont passées à celle à genoux, quitte à martyriser leurs pauvres articulations.

À mon tour, je m'agenouille pour implorer sa miséricorde.

– Sainte Rita, me voici si proche de vous. Mon corps est tourmenté par une douleur tenace au ventre. Aidez-moi à retrouver la quiétude corporelle, en intercédant auprès du Seigneur pour qu'Il m'accorde la guérison tant espérée. Et, soyez assurée que je ferai connaître votre bonté à tous. Amen.

On dit que, chaque fois qu'un miracle se réalise, un doux parfum de rose flotte au-dessus de son corps.

Mais, là, ça sent plutôt la naphtaline…

SOUS LES JUPONS DE RITA

Le groupe s'éloigne tandis que je reste seule devant le corps de la sainte, en me demandant si l'incorruptibilité des corps est un signe indubitable de la présence de Dieu. Cette question m'a déjà traversé l'esprit lors d'une conférence sur les « Revenants et fantômes, du vaudou au spiritisme » donnée par le directeur du département de la recherche et de l'enseignement au musée du Quai-Branly, Philippe Charlier. Allure d'éternel ado et barbe hipster, ce médecin légiste, célèbre pour avoir passé au peigne fin les beaux restes d'Agnès Sorel et de Diane de Poitiers dans les émissions *Sous les jupons de l'Histoire* et *Secrets d'Histoire,* était passionné par les dépouilles de saints, de rois et autres personnages historiques. Il lui était arrivé, maintes fois, d'être requis par des autorités ecclésiastiques pour procéder à des examens canoniques de reliques et déceler si les restes étaient conservés de façon naturelle ou par des techniques employées par l'homme.

Quelques jours plus tard, nous nous étions retrouvés à la chapelle Sainte-Rita, boulevard de Clichy. Pour l'occasion, le père Hervé Guillez avait sorti sa « plus belle relique » : un fragment osseux de la sainte, enchâssé dans un reliquaire doré, surmonté d'une petite croix et sculpté de deux roses. Pendant que Charlier l'auscultait, j'observais son regard vif de médecin légiste à travers les verres de ses lunettes rondes. Comment pouvait-on passer son temps à disséquer des macchabées et avoir l'air aussi juvénile ? Ça devait être le frigo. Ça conserve…

Curieux, il avait demandé au père comment cette relique était arrivée ici.

– Elle nous a été confiée par les sœurs de Cascia en 2014.

– C'est intéressant…, répondit-il avec un mélange de fascination et de respect.

Ça lui rappelait d'autres reliques, comme celle du crâne de Marie-Madeleine, qui repose dans un reliquaire en or au-dessus de son propre tombeau dans la crypte de la basilique de Saint-Maximin-la-Sainte-Baume ou le cœur de Pauline Jaricot, fondatrice de l'Œuvre pontificale de la propagation de la foi et du Rosaire, conservé à l'église Saint-Polycarpe de Lyon, ou encore la présentation de Jean XXIII à la vénération des fidèles dans la grande nef de la basilique de Saint-Pierre de Rome.

– Quel lien y a-t-il entre la canonisation et l'imputrescibilité des corps ? lui demandai-je.

Charlier prit un instant pour réfléchir avant de me répondre.

– Parmi les critères de canonisation, il y a celui de l'imputrescibilité du corps, bien que ce critère ne soit pas obligatoire, expliqua-t-il. Cela fait référence à l'absence totale de dégradation du corps, qu'accompagne une émanation pestilentielle. La présence d'une odeur de sainteté, caractère myroblytique d'un corps, au moment de l'ouverture du tombeau est considérée comme un critère important pour le processus de canonisation. Mais, là encore, il n'est pas obligatoire. C'est une valeur ajoutée, si l'on peut dire. La conservation naturelle par la main divine peut être considérée comme un critère de sainteté. Elle a pu être observée sur les corps de sainte Thérèse de Lisieux et de saint François Xavier.

Je lui demandai alors si sainte Rita était également concernée par l'imputrescibilité, car j'avais lu que son visage, ses mains et ses pieds étaient momifiés et que le reste de son corps, vêtu de l'habit des augustines, n'était plus qu'un squelette.

– Je connais mal le cas de sainte Rita sur le plan organique, avoua-t-il. Je suis allée à Cascia, mais malheureusement je n'ai pas pu me rendre au sanctuaire. Cependant, si des reliques osseuses sont présentes dans d'autres chapelles, cela signifie que le corps de Rita n'est pas intact. Et quant à savoir si elle sent bon ou si elle est momifiée, c'est une question délicate. Il faut se méfier des conservations, car elles peuvent parfois jouer des tours. Prenez par exemple le cas de sainte Claire d'Assise, dont le corps s'est complètement squelettisé sous un masque mortuaire en cire qui respire encore la vitalité. Parfois, Dieu accorde à certains de ses serviteurs la grâce de ne pas subir les horreurs de la dégradation physique après la mort. On parle même d'une subtile fragrance de rose, une « odeur de sainteté », qui émane des corps préservés, résistant à la décomposition et à la putréfaction. Peut-être que cela s'est produit pour la dépouille de Rita, dont le visage, les mains et les pieds demeurent intacts malgré leur dessèchement. Sous sa robe d'augustine se cache un squelette, mais qu'est-il advenu de ses organes ? Ont-ils été dispersés ? Dieu aurait-il choisi de ne conserver que les parties visibles de son anatomie ? Impossible de le dire sans procéder à un examen des restes de la sainte… Et c'est là que les moyens scientifiques entrent en jeu !

« Avoir de beaux restes » et se parfumer à la rose n'étaient pas des conditions sine qua non pour être canon… isée. Dommage pour les coquettes qui ont pris les devants, avant le coup de grâce, en se faisant lifter, gonfler et botoxer chez leur chirurgien esthétique, ce nouveau gardien des reliques de beauté, afin de se présenter sous leur « meilleur jour » devant le Seigneur. Seulement, il y a des chances que, en découvrant le résultat, Il les renvoie chez « Belle-zébuth ».

– Quels sont les moyens scientifiques dont vous disposez pour déterminer si un corps a été conservé par la main de l'homme ou celle de Dieu ?

Il m'expliqua doctement que les outils de la médecine légale lui permettaient d'explorer ces mystères.

– Par exemple, si un cœur a été ouvert, vidé de ses caillots de sang, puis rempli d'aromates, de miel, de sable, et recousu, un simple examen externe, combiné à des études élémentaires et moléculaires, nous permet de le déterminer. Nous pouvons utiliser le scanner, la radiographique, des analyses biologiques et biochimiques pour vérifier si d'autres procédés ont été employés. Aujourd'hui, nous disposons de nombreux moyens d'investigation scientifique pour découvrir la nature de la conservation. Et puis, il y a aussi les cas de conservation naturelle et spontanée de certains corps. J'ai assisté à la récupération de cadavres dont le matelas, le canapé ou la moquette épaisse avaient absorbé toute l'humidité du corps, permettant ainsi une momification spontanée.

Les fabricants de matelas devraient ajouter « sanctification garantie » sur leurs étiquettes.

À l'écouter, la frontière entre le divin et le terrestre semble parfois s'estomper. Cependant, une question essentielle subsistait dans mon esprit :

– Donc, même si on est « bien » conservé, on n'est pas forcément saint ? dis-je avec ironie.

Il me sourit, amusé.

– Je ne sais pas si vous posez la question au croyant ou au scientifique, mais je vous répondrai qu'il n'est pas nécessaire d'avoir un corps naturellement bien conservé pour être un saint. C'est la beauté de la vie, la droiture et l'influence positive qu'on peut avoir sur son entourage qui font de quelqu'un un saint.

Le mystère de l'imputrescibilité reste encore énigmatique pour la médecine.

– Nous avons souvent des explications médico-légales pour ce phénomène. Par exemple, certains cas peuvent être attribués à un régime alimentaire particulier suivi par la personne avant son décès, ou à la prise d'antibiotiques. Il y a également des aspects de préparation mentale qui peuvent jouer un rôle. En Asie, il existe ce qu'on appelle les « bouddhas vivants ». Ce sont des moines qui décident de se momifier de leur vivant. Ils suivent pendant une dizaine d'années une discipline spirituelle et physique incluant un régime alimentaire à base de thés, de baies, de graines, des champignons, des feuilles... Cela prépare progressivement leur corps à la dessiccation. On leur sert du thé une fois par mois et on leur laisse une petite cloche pour appeler au besoin. Lorsqu'ils cessent de sonner, on les laisse tranquilles pendant encore un mois avant de les examiner. Souvent, on les retrouve en position du lotus, vêtus de leur robe safran, le corps dur comme le bois de cette chaise, dit-il en tapant sur celle de la chapelle, et de couleur marron. Ils sont ensuite ramenés à la pagode pour intercéder en faveur des fidèles auprès du Bouddha. Bien que les Occidentaux considèrent ces moines comme décédés, pour la communauté bouddhiste, ils sont toujours dans un état d'éveil, car ces « bouddhas vivants » peuvent exaucer des vœux comme la guérison, le succès aux examens ou un mariage heureux… Les bouteilles de saké, les bouquets de fleurs avec des lotus, les petits biscuits au chocolat, sont autant d'offrandes qui témoignent de leur efficacité. Cette histoire de « bouddhas vivants » s'ajoute aux nombreux mystères qui entourent la conservation des corps. Tout comme ceux dont nous a parlé le père Guillez avec ce monsieur cliniquement mort qui a fait le signe de croix lors de la prière pour le repos de l'âme.

Le mystère subsistera toujours…

Comme ici et maintenant devant la dépouille de la sainte.

AIMONS-NOUS VIVANTS

À la messe suivante, on célèbre Dieu en chantant quand, soudain, une force surnaturelle me pénètre. Tout mon être est envahi par l'infiniment grand. Il est là, en moi, je Le sens. Des larmes coulent le long de mes joues, sans discontinuer. Sur celles de mes voisines de droite, de gauche, et sur toutes celles de l'assistance. En cet instant, nous ne sommes plus qu'un avec Lui. Nous, fils et filles de Dieu, nous nous dissolvons dans le flot divin et proclamons d'une seule voix : « Je crois en un seul Dieu, le Père tout-puissant, créateur du ciel et de la terre, de l'univers visible et invisible. » Mon cœur déborde d'amour et une irrésistible envie d'étreindre mes frères et sœurs en leur déclamant « Alléluia ! Christ est parmi nous, aimons-nous vivants ! » s'empare de moi. Par un étrange mystère, même sans barbe ni cheveux, le père François Lui ressemble. Mue par un amour divin, je pourrais aimer chacun de mes frères, qu'ils soient bons ou mauvais, beaux ou laids, jeunes ou vieux, pauvres ou riches, méchants ou gentils. Sans faire de distinction entre le bien et le mal, le soi et l'autre, le corps et l'esprit, dans une réalité transfigurée. Moment de communion ultime que j'aimerais pouvoir retenir éternellement.

Après la messe, le père François nous invite à nous confesser auprès des prêtres en soutane qui attendent dans des box en verre. Me confesser… Cela faisait vingt-cinq ans que cela ne m'était pas arrivé, depuis mon mariage… Comment condenser un quart de siècle en moins de quinze minutes ? En faisant un examen de conscience accéléré sur le banc des accusés de mon tribunal intérieur. Selon Jung, Dieu nous inspire volontairement de mauvaises pensées, pour que nous fassions le chemin de retour vers Lui. Ne serait-ce pas plutôt le diable ?

Je m'agenouille sur un prie-Dieu pour mieux passer en revue les chefs d'accusation de ma conscience. Ai-je failli à mes devoirs envers mon prochain, ma famille, mes amis, mes collègues ? C'est tout de même intimidant d'aller avouer à un inconnu que j'ai trompé mon ex-mari, il y a quinze ans, mais bon, il me trompait déjà avec son assistante. Voilà pour le péché de luxure. Ou que je suis accro au Nutella et aux glaces Häagen-Dazs. Voilà pour celui de gourmandise. Que je rêve de télétravail et procrastine mes séances de sport, pour celui de la paresse. Que je ne fais pas assez souvent l'aumône, pour celui de l'avarice.

En somme, je suis loin d'être une sainte.

Quand vient mon tour, le prêtre me demande de répéter après lui : « Bénissez-moi, mon père, parce que j'ai péché », et m'invite à « entrer dans la confiance pour cette confession ». Je me lance dans l'énumération de mes péchés et soudain une émotion m'envahit, la colère.

– Mon père, j'ai écrit un roman à la sauce #MeToo de l'édition et j'ai balancé quelques écrivains célèbres.

– Chassez toute colère en vous et ne parlez pas mal des autres.

Trop tard, je les avais tous défoncés. Les éditeurs, les écrivains, les scénaristes… Tous ceux qui brandissaient une plume à la main ont tous retrouvé la mienne plantée dans leur c…

Soudain, son œil éteint s'allume.

– Comment vous appelez-vous ?

Il est de la police ou quoi ?

Je laisse passer quelques minutes et finis, à contrecœur, par décliner mon identité.

– Lisez l'acte de contrition à haute voix, dit-il en me tendant une feuille.

– Mon Dieu, j'ai un très grand regret de Vous avoir offensé parce que Vous êtes infiniment bon, infiniment aimable, et que le péché Vous déplaît. Je prends la ferme résolution, avec le secours de Votre sainte grâce, de ne plus Vous offenser et de faire pénitence.

Et tandis qu'il prononce la formule d'absolution, je réfléchis à la façon de retrouver grâce aux yeux du Seigneur. Peut-être que la sainteté est accessible à tous ceux qui s'aventurent sur le chemin de l'authenticité et de la transformation intérieure. Et alors que je m'imprègne religieusement de cette idée, la liste des « Tu ne feras pas ci... Tu ne feras pas ça » défile dans ma tête. Au diable la vertu ! Vive *la comédie humaine* ! Je préfère être une pécheresse joyeuse qu'une presque sainte dépressive.

– Allez dans la paix du Christ.

CHEMIN DE CROIX

Pour le dernier jour, le prêtre nous a réservé, clou du séjour, l'épique montée du Scoglio. Le rocher de Roccaporena s'élève à 827 mètres au-dessus du niveau de la mer. Jésus priait souvent sur une montagne. Et c'est sur une montagne que Dieu révéla son nom à Moïse et au prophète Élie. L'Esprit-Saint soufflerait-il plus aisément sur l'homme qui se hisse jusqu'au sommet ? Les flancs auxquels s'agriffent les arbres sont très abrupts et Rita a sûrement dû se mettre à quatre pattes, presque en suspension au-dessus du vide, pour continuer sa progression. Aujourd'hui, le chemin est sécurisé et recouvert de dalles de pierre, gravées des noms des fidèles qui l'ont emprunté. Les mamies intrépides se lancent vaillamment à son assaut. Ni la fatigue, ni les rhumatismes, ni leur handicap, ne peuvent les arrêter. Bernadette qui boite s'appuie sur sa sœur Ginette qui n'y voit plus. Évelyne, à peine remise d'une opération, cherche un bras. Je lui offre le mien.

– Oh, merci ! À la mort de mon mari, j'ai perdu mon dos, me confie-t-elle avec un sourire de reconnaissance.

Cahin-caha, les deux sœurs entament l'ascension du sentier en lacet, longeant la paroi rocheuse, qui surplombe un précipice, en veillant à ne jamais lâcher la rampe. Au rythme des stations de la via Crucis, nous récitons pieusement le chapelet, tout en jetant parfois un coup d'œil, à travers les trouées de verdure, sur les vieux toits de Roccaporena. Le souffle de la tramontane, chargé de l'odeur suave des fleurs, envahit mes narines. J'imagine la petite Rita, en « Heidi, petite fille des montagnes », les mains pleines de marguerites – cette fleur dont on lui a donné le prénom, Margherita –, répondre à l'appel de Dieu du haut de ce roc. Elle ne se doutait pas des souffrances qui l'attendaient, ni des détours tortueux que la Providence lui ferait emprunter avant de lui permettre de vivre pleinement sa vocation. Sur le chemin, des pèlerins recueillent avec dévotion quelques gouttes d'eau jaillissant d'une roche. Une eau sacrée, l'eau de Rita. Le chant des rossignols m'emporte vers les hauteurs, où mon regard embrasse le panorama de la chaîne des Apennins. Mon cœur s'emplit d'une tendre dévotion envers le Créateur et de compassion pour ses fidèles, venus chercher sa protection… jusqu'à ce que je les découvre soudainement possédés par l'esprit malin du numérique. Les voilà qui se lancent frénétiquement dans une mitraille de selfies, à la va-comme-je-te-pousse, monopolisant tout l'espace, risquant même leur équilibre pour obtenir un angle de vue impressionnant, se contorsionnant dans des positions grotesques, oubliant toute notion de dignité. Pour échapper à cette chorégraphie endiablée, je me réfugie à l'intérieur du sanctuaire, où je découvre enfin le fameux sommet du rocher éclairé par la lumière du jour, qui filtre à travers des fenêtres cintrées. C'est là que se trouvent le cœur de toute l'effervescence spirituelle et le trésor tant convoité : un bloc de pierre blanche, protégé comme une œuvre de grand maître italien par une barrière de verre, au-dessus de laquelle les visiteurs ont jeté des roses, des photos et des petits billets. Comme le mien, sur lequel est écrit :

Sainte Rita, je vous prie d'intercéder auprès du Seigneur pour faire disparaître mes douleurs.

Amen.

LA GROTTE D'OR

Du haut du rocher, j'aperçois, un peu plus bas, un arc majestueux creusé dans la roche, planté d'une immense croix blanche. Un autre lieu de recueillement de la sainte.

Le prêtre m'informe que la Grotte d'or n'est pas incluse dans le circuit habituel, mais qu'il est possible de s'y rendre en empruntant un sentier qui mène à son plateau rocheux. Intriguée par cette perspective, je prends un autre chemin de terre, qui m'éloigne des sentiers battus.

Une douce pénombre m'accueille lorsque je pénètre dans la cavité. Les parois de la grotte portent de longues traces de suie, qui témoignent du temps où Rita venait prier ici, à la lueur d'une bougie. Les marques de ses genoux et celles, plus petites, de ses coudes sont visibles sur la roche, rappelant les heures qu'elle a passées agenouillée devant Lui. Je suis émue par cette vision et j'envie cette femme d'avoir consacré sa vie à Dieu.

De retour à l'hôtel des pèlerins, je tombe sur un passage de l'ouvrage *Sainte Rita de Cascia, la rose de l'Ombrie*[2]. Les anciennes légendes racontent que cette grotte était autrefois le lieu d'une prophétesse nommée Porrina, une nymphe ou une demi-prêtresse. Elle aurait prédit ceci : « Vingt siècles passeront après moi et de cette base rocheuse jaillira une lumière divine, inconnue du monde, qui courbera tout sur son passage. Encore des temps et des temps et les parois de granit verront venir à la lumière une pierre précieuse, la Margarita, qui brillera encore pour des siècles et des siècles, elle sera la plus grande et passera les terres et les mers, car l'humilité vaincra la vanité. Ici accourront des gens de toutes parts pour louer le Dieu éternel et le nom de cette étroite et pauvre vallée sera sacré dans le monde entier. »

« Briller encore pour des siècles et des siècles… », elle l'avait fait de son vivant et après sa mort en intercédant pour les plus désespérés auprès de Dieu. C'était sa mission sur terre, sa vocation profonde. Et si, à moindre échelle, la mienne était de devenir l'ambassadrice de « Sa lumière divine » ? Si Dieu s'est manifesté à moi durant ce pèlerinage, c'est peut-être qu'Il m'appelle à Le servir… À ma façon…

---

2. *Sainte Rita de Cascia, la rose de l'Ombrie*, Mario Polia, Paris Éditions, 2014.

À DIEU

Le lendemain matin, les pèlerins gravissent, toujours en cordée, les marches du car pour le voyage de retour vers Nice. Certaines me confient ressentir une légère appréhension à l'idée de retrouver leur solitude ; même si Abricot, Cachou et Lady, en garde chez une voisine, les attendent. Ces petites dames, qui m'étaient étrangères il y a quelques jours seulement, sont désormais devenues, à force de confidences touchantes, mes grands-mères de cœur. Une connexion s'est tissée entre nous, transcendant nos différences individuelles. Chacun emporte en lui le souvenir d'une expérience unique qui perdurera dans nos âmes bien après notre retour à nos vies respectives. Malgré la fatigue, ça papote dans les rangs, à l'exception des prêtres, qui se sont mis en veille. De loin, je distingue le bleu turquoise de la mer et les fanions orange qui ondulent dans le vent. Le car nous dépose à quelques mètres de la promenade des Anglais. J'attends que ma *team* de

BFF soit au complet pour serrer contre moi, l'une après l'autre, Christiane, Jocelyne, Évelyne et Jacqueline, avec un sentiment partagé de gratitude avant de leur souhaiter : « Que dieu vous protège ! »

LA MADONE ITALIENNE

Sur le vol Nice-Paris, je suis placée à côté d'une brune mystérieuse qui se cache derrière un épais rideau de cheveux longs. À l'annonce du commandant de bord, elle relève la tête de sa lecture et je vois apparaître le visage de madone de Monica Bellucci. Pour ne pas l'importuner, je détourne le regard. Le steward lui demande si la place entre nous sera occupée par un certain Nicolas Lefebvre. Un genre de Chabal, version bobo, avec lequel elle s'était affichée dans la presse. Elle répond « non », l'air triste. Je lui souris avec empathie. Et au bout de quelques minutes de silence gêné, elle me dit :

– Vous étiez à Cannes ?

– Non, je reviens d'un pèlerinage à Cascia… Vous connaissez, peut-être ?

– Non, me dit-elle, avec sa voix si suave.

– J'ai rendu visite à santa Rita.

Je l'ai prononcé à l'italienne, espérant instaurer une complicité.

Cette icône vivante était sûrement plus habituée aux effets spéciaux des plateaux qu'aux miracles d'un simple pèlerinage. Cependant, j'imagine qu'elle avait sa part de fragilité et qu'elle aspirait, comme le commun des mortels, à trouver un sens plus profond à sa vie. Un paradis intérieur, où la paix et la plénitude résident.

– Elle est la sainte des causes désespérées. Très efficace… vraiment…, insistai-je, espérant ainsi lui éviter le crash avec son crush.

« Mais notre vol ensemble continue désormais sur une autre piste qui est celle de l'amitié pour la vie », lirais-je, par la suite, dans une interview qu'elle donnera au journal *Marie Claire* sur sa relation avec lui.

Entre deux turbulences de l'air et du cœur, je l'observe à la dérobée. Quel était le dénominateur commun entre Monica, déesse de l'écran, adulée par des millions de fans à travers le monde, et Rita, femme « ordinaire » à l'existence simple, dévouée à Dieu et aux plus pauvres ? Chacune, à sa manière, aspirait à se mesurer à quelque chose de plus grand qu'elle, que ce soit à travers une rencontre avec un grand réalisateur ou celle avec le grand Ordonnateur.

Quelques mois plus tard, dans un salon du restaurant Maxim's, je croiserai de nouveau la comédienne, venue lire des extraits de *Lettres et Mémoires* de Tom Wolf[3], un ouvrage consacré à Maria Callas, une autre diva. Je m'approcherai d'elle pour la saluer et lui rappeler notre rencontre à bord du vol Nice-Paris.

– Je me souviens de vous, me dira-t-elle en me souriant.

– Ah oui ? m'étonnerai-je, flattée.

– Oui… Vous m'avez parlé de santa Rita.

L'ambassadrice de Maria s'était souvenue de l'ambassadrice de Rita.

Parfois, un simple échange ou une rencontre fortuite suffisent pour que le Seigneur s'invite à bord de nos vies.

3. *Lettres et Mémoires*, Maria Callas, éd. et trad. Tom Wolf, Albin Michel, 2022.

MISSION

Mon retour à la vie parisienne marque celui de la reprise de mes mauvaises habitudes.

Comme l'a écrit saint Paul : « Je trouve donc en moi cette loi : quand je veux faire le bien, le mal est attaché à moi. » Ce pèlerinage ne m'a pas rendue meilleure. Et pourtant, durant cette parenthèse hors du temps, j'ai eu l'impression que mon esprit s'était élevé au-dessus de la communauté des hommes pour se fondre éternellement en Dieu. Me voilà recrachée sur terre et rendue à ma vulgaire condition de pécheresse. Après être monté vers le Très-Haut, je redescends ici-bas. Retour à la case départ, donc, dans mon costume d'humaine trop étriqué pour contenir mes aspirations élevées avec ce mal de ventre qui me rappelle constamment mes imperfections. Dieu, pourquoi ne m'as-tu pas permis de vivre une commotion spirituelle aussi puissante que celle de saint Augustin, Charles de Foucauld ou Simone Weil ? Au moins aurais-tu pu me missionner, à l'instar de Margery Kempe, Anglaise mystique née en 1373, pour écrire sur les manifestations divines que j'ai connues afin que Ta bonté soit connue de tous. Encore mon ego qui prend le dessus. Se vouloir missionnée par Dieu, il n'y a pas de plus grand orgueil. Dieu ne m'a pas appelée parce que je ne suis pas digne de Lui. Voilà tout. Ce genre de quête doit être guidée par l'humilité. Saint François d'Assise a renoncé à ses richesses pour vivre dans la simplicité, se consacrer à la prière et à l'aide aux plus démunis. Sainte Thérèse de Lisieux a embrassé la « petite voie » de l'humilité. Mère Teresa a consacré sa vie aux miséreux de Calcutta. Se mettre au service de son prochain, voilà ce que servir Dieu implique.

Contre toute attente, quelques semaines plus tard, après une rupture sentimentale – d'une histoire dans laquelle je tournais en rond – et une rupture conventionnelle – d'un emploi dans lequel je ne tournais plus rond –, je sens une onde de chaleur m'envahir, mes muscles se relâcher, et ce poids qui pèse, depuis des mois, sur mon abdomen se soulever. Comme si une main divine m'avait libérée de ces liens qui formaient une pelote de nœuds fibromateux dans mon ventre. Cette douleur était en fait un révélateur des frustrations générées par ma vie sentimentale et professionnelle. En priant sainte Rita, j'avais sans le savoir imploré la libération de ces entraves, freins à ma transformation intérieure. Pleine de gratitude, je me précipite à l'église pour allumer une bougie à l'effigie de la sainte. En la contemplant sur le brûloir, parmi d'autres, je me demande combien d'entre elles ont été allumées pour obtenir une grâce, et combien pour la remercier ?

Une histoire raconte qu'un curé de campagne avait missionné le sacristain pour passer commande de cinq cents bougies votives rouges, pour les demandes, et une centaine de bougies blanches, pour les remerciements. Distrait, celui-ci avait fait le contraire. Le curé l'ayant sermonné, le sacristain eut l'idée d'intervertir les cartons et le stock fut très vite écoulé.

Devant la flamme intense, je murmure les paroles de cette prière de remerciement :

– C'est le cœur profondément ému et troublé qu'aujourd'hui je viens à vous, ô glorieuse et puissante sainte Rita. Je vous ai implorée, le corps en proie à une souffrance inexplicable que rien ne pouvait apaiser, et vous êtes intervenue en ma faveur auprès de Dieu afin qu'elle disparaisse. Aujourd'hui, je me présente à vous non plus avec des larmes de souffrance, mais la joie au cœur, pour vous offrir ma reconnaissance éternelle.

Comment pourrais-je exprimer mieux encore ma gratitude envers sainte Rita ? En ajoutant une nouvelle plaque de remerciement sur le mur de la chapelle ? Ce n'était pas à la hauteur de ma reconnaissance. Faire un don à l'église pour soutenir des bonnes œuvres ?

Ça n'irait pas bien loin comparé à la démesure de celui d'un riche entrepreneur brésilien qui avait fait construire un sanctuaire de près de 100 000 m^2, pour avoir célébré ses soixante ans en bonne santé.

Le seul hommage à ma mesure serait de lui consacrer un livre qui transmette un message d'espoir à tous ceux qui sont dans des situations désespérées.

UN ÉCRIVAIN CONVERTI

Rita n'a rien écrit, et peu de choses ont été rapportées sur sa vie. Certains auteurs lui ont consacré une biographie, comme André Bonet, Yves Chiron, Alex Volta... D'autres, des passages dans leur ouvrage, que ce soit de manière directe ou subtile. C'était le cas d'Éric-Emmanuel Schmitt avec son recueil de nouvelles, *Concerto à la mémoire d'un ange*[4], où Rita était sujet de thèse dans la première, image pieuse dans la deuxième, objet de culte dans la troisième et le nom d'une clinique dans la quatrième. J'avais eu l'occasion de rencontrer l'écrivain chez Drouant, à l'issue des délibérations du prix Goncourt. Les dix jurés : Didier Decoin, Françoise Chandernagor, Tahar Ben Jelloun, Patrick Rambaud, Pierre Assouline, Philippe Claudel, Paule Constant, Camille Laurens et Pascal Bruckner devisaient avec Éric-

4. *Concerto à la mémoire d'un ange*, Éric-Emmanuel Schmitt, Albin Michel, 2010.

Emmanuel Schmitt dans le salon recouvert de boiseries, en dégustant un repas gastronomique à base de foie gras, coquilles Saint-Jacques… servi autour d'une table ovale.

Après les délibérations, Éric-Emmanuel Schmitt m'avait rejointe dans le salon Colette. L'écrivaine, première femme présidente de l'académie Goncourt, y déjeunait une fois par semaine avec un invité de son choix. La pièce était exiguë mais charmante avec sa banquette moutarde, sa table en bois vernissée et ses murs roses. Fossette sur la joue, front haut d'intellectuel et nez épaté, l'écrivain belge avait commencé par me raconter sa conversion spirituelle, à l'âge de vingt-huit ans, dans le désert saharien. Il y était entré athée et en était ressorti, dix jours plus tard, croyant. Cette révélation était d'autant plus inattendue qu'il était né dans une famille athée et avait été formé dans un milieu intellectuel marqué par l'athéisme, il était donc totalement enraciné dans cette conviction. Et s'il avait entrepris cette longue marche dans le désert, sur les pas de Charles de Foucauld, c'était simplement par goût de l'aventure.

Cependant, ce fut lors de cette expédition qu'il avait vécu une expérience mystique qui le marqua à jamais. Après avoir gravi le mont Tahat, le plus haut sommet du Hoggar, il avait entamé la descente et s'était retrouvé seul, perdu, sans eau ni nourriture, vêtu d'une légère chemise alors que la nuit tombait et que le vent froid soufflait fort. À l'abri d'un rocher, il s'était recouvert de sable et ce fut là qu'il vécut ce que Pascal appelait une nuit de feu, une nuit mystique, une véritable extase où il avait senti son esprit quitter son corps pour rejoindre la lumière dans laquelle il lui avait été délivré le message de la foi.

Cette révélation, révolution intérieure, avait pris des années à se développer et lui avait inspiré le livre *La Nuit de feu*[5]. Depuis ce jour, son âme était emplie de confiance, même s'il n'en savait pas plus qu'avant sur le mystère de la vie.

Lorsque je lui avais posé des questions sur sa relation avec la sainte, il avait botté en touche, prétendant que ce qui l'intéressait vraiment, c'était la relation des gens avec Rita. Il s'interrogeait sur les épreuves qui les avaient poussés à avoir recours à elle et il ressentait pour eux une compassion infinie.

Dans son recueil de nouvelles, il l'avait mise en scène comme la sainte de la rédemption dont les personnages étaient en quête. Rita aurait pu haïr les assassins de son mari, mais elle avait choisi de pardonner. Pour lui, pardonner était une façon de ne pas réduire l'autre au mal qu'il nous a fait, mais plutôt de lui redonner son humanité. Il faisait une distinction entre le pardon émotionnel, qui est un processus psychologique par

5. *La nuit de feu*, Éric-Emmanuel Schmitt, Albin Michel, 2015.

lequel une personne choisit de libérer les sentiments négatifs associés à une blessure ou à une injustice vécue, et le pardon intellectuel, qui fait référence à la capacité à pardonner à autrui pour des désaccords liés à des divergences d'opinions.

– Parfois on est tellement blessé qu'on ne parvient pas à donner le pardon émotionnel, c'est-à-dire à retrouver la paix dans le rapport à l'autre et à l'intérieur de soi. Il faut d'abord pratiquer le pardon intellectuel, ainsi, on peut ouvrir la voie au pardon émotionnel qui finira par arriver un jour. Depuis que le christianisme n'est plus dominant, on croit en n'importe quoi. L'intérêt intellectuel et sociologique du christianisme était de donner un cadre à la croyance, de développer du sens et de montrer des chemins, comme celui de Rita, qui est celui du pardon et de la rédemption. Il y a une supériorité absolue du christianisme qui consiste toujours à inciter à la réforme de soi, à l'optimisme, au pardon, à la poursuite d'une vie avec de bonnes valeurs. Ce que ne font pas toutes les superstitions qui, de nos jours, encombrent les télés, les radios, les réseaux sociaux et même la vie commerciale. La baisse d'influence du Christ n'est pas une bonne nouvelle, car cela ouvre la porte à n'importe quoi.

Derrière ces histoires qu'il avait développées autour de sainte Rita se cachait, pour lui, une question essentielle : sommes-nous libres ? Il considérait le fameux dilemme entre Spinoza et Descartes. Ce dernier affirme que nous avons un libre arbitre, que nous prenons des décisions de manière autonome, tandis que Spinoza soutient que ce sentiment de liberté est une illusion. Selon lui, nous sommes régis par tout ce qui nous entoure et nous constitue. Notre volonté n'est que la dernière forme que prend le déterminisme, comparable à une tuile qui tombe d'un toit sans agir par ses propres forces. Contrairement à Spinoza, Schmitt ressentait le besoin de croire comme Descartes au libre arbitre, à la liberté humaine, afin que nous puissions nous sentir responsables et redevables de nos actes et que la justice puisse s'appliquer. Cette croyance en la liberté individuelle permettait de donner un sens à nos choix et de les assumer pleinement. Pour lui, le libre arbitre était la clé pour construire une société où la responsabilité et la justice occupaient une place fondamentale.

– Rita a agi en fonction d'une force intérieure qui lui permet de surmonter tous les obstacles que la vie a placés sur son chemin. Nous avons donc ce pouvoir de dire oui ou de dire non. C'est pourquoi j'apprécie tant la figure de Rita, car elle est animée par une force qui la pousse à avancer constamment dans l'amour, dans la vie et vers les autres. Cette force qu'elle porte en elle-même lui fait dire oui, profondément oui, au bien. Le bien, c'est d'ajouter de la vie à la vie, ajouter de l'être à l'être. Et le mal, c'est se diriger vers le néant et se soustraire à la vie.

Lorsque je lui avais demandé comment il interprétait la popularité grandissante de Rita dans le monde, il avait répondu que celle-ci était à la mesure de la solitude de l'homme qui est dans un monde technologique qui le dépasse, un monde politiquement déconcertant, où la violence persiste comme un rouleau compresseur.

Après ce cours magistral, j'avais tenté une nouvelle fois de l'amener à se confier sur sa relation personnelle avec la sainte. Il avait esquissé le petit sourire de celui qui allait encore botter en touche. Il avait effectivement prié sainte Rita, mais pour une personne, pour qu'elle trouve la paix intérieure afin de surmonter les épreuves qui l'attendaient et cela s'était réalisé. J'avais osé lui demander si Rita avait joué un rôle dans l'obtention de son prix Goncourt de la nouvelle. Il avait éclaté de rire.

– Parce que vous me considérez comme un cas désespéré en littérature ?

UN CADEAU DU CIEL

À mon tour, j'allais prendre la plume pour contribuer à l'édifice du royaume de Dieu.

D'aussi loin que je me souvienne, j'ai toujours parlé de sainte Rita autour de moi. Je l'ai « partagée » au fil des rencontres, encourageant les gens, étrangers ou familiers, à croire au pouvoir de la prière. À commencer par mes amies. Ma belle-sœur, qui peinait à refaire sa vie après un divorce difficile, a rencontré son compagnon un 22 mai, jour de fête de la sainte, et a eu une fille qu'elle a baptisée Rose, en signe de gratitude, dont je suis la marraine. Une de mes cousines a rencontré un Italien, le père de sa fille, et a offert en ex-voto une de ses œuvres, une grande photo immaculée de la sainte, désormais suspendue sur un des murs de la chapelle de l'église Saint-Augustin. Une collègue musulmane, âgée de quarante-cinq ans, rêvait de fonder une famille et, après avoir prié la sainte, s'est mariée et a donné naissance à un garçon. Ces miracles ordinaires ont évité à ces femmes bien des regrets. Sainte Rita a plaidé leur cause devant le Seigneur, leur permettant de connaître l'accomplissement de leur existence. Pas à pas – lenteur et prix à payer font partie du cheminement –, la sainte nous conduit à Lui. À l'image de son chemin long et douloureux, qui témoigne de sa confiance absolue en Dieu. Ainsi la renommée de sainte Rita s'est propagée dans le monde entier : en Espagne, au Portugal, en Pologne, en Amérique latine, en Amérique du Nord, en Inde, en Égypte…

Missionnaire laïque me paraissait un bon deal pour ne pas lâcher la main du monde ici-bas. J'aspirais à croiser la route d'un saint Jean-Baptiste des temps modernes, capable de prêcher dans un désert cathodique pour tracer le chemin du Seigneur dans le cœur des hommes. Un catho qui irait à l'église le dimanche, partirait en pèlerinage à Lourdes et dirait le bénédicité avant chaque repas. Ou pas. Car, avant tout, il sera Amour, à l'image de Dieu. Mais où trouver cette perle rare ? « Perle », qui se dit en latin « marga-rita ».

Quelques semaines après avoir envoyé mon manuscrit à plusieurs éditeurs parisiens, je reçois, le jour de Noël, divin cadeau, la réponse positive de l'un d'entre eux. Comme si Dieu en personne me faisait signe, en me témoignant de la puissance de la réalité de ma relation personnelle avec Lui, et de la manière dont la foi peut ouvrir des portes inattendues et accomplir des miracles.

APOCALYPSE NOW

D'après l'apôtre Jean, qui a reçu les visions prophétiques sur la fin des temps dans le livre de l'Apocalypse, les nouvelles à venir ne sont pas vraiment bonnes. Il y décrit un déluge d'événements catastrophiques : cataclysmes dévastateurs, période de souffrance et de persécution pour les croyants, guerres, famine... qui conduiront à la fin du monde.

Et si, l'apocalypse, c'était *now* ?

La « bonne nouvelle » – parce qu'il y en a une...–, c'est que, même si on passe un sale quart d'heure, le bien l'emportera sur le mal, comme dans les happy ends de films américains.

Alors choisissons sans tarder le camp du winner, parce que se construire une arche de fortune, sans le parrainage de Dieu, si luxueux soit-il (cf. le *Titanic* ou, plus miteux, *Costa Croisières*), ne nous empêchera pas de sombrer. Par conséquent, notre seule bouée de sauvetage est la prière. Ces prophéties sont un appel à unir nos prières pour sauver l'humanité.

Sainte Rita nous montre que le désespoir n'est pas la fin de toute chose, mais le point de départ d'une renaissance spirituelle. N'est-elle pas la spécialiste de la renaissance ? Ce qui, sans elle, reste en « plants », va s'épanouir et donner du raisin, des figues ou une rose en plein hiver.

Que sainte Rita continue de donner espoir à un monde en besoin urgent de miracles et de rédemption.

Et que Dieu nous garde.

Ainsi soit-il.

Remerciements

Merci à Sylvana Lorenz.

Cet ouvrage a été imprimé en France par
CPI Firmin-Didot
16 rue Firmin Didot
27650 Mesnil-sur-l'Estrée (France)

pour le compte des Éditions Fayard
13 rue du Montparnasse, 75006 Paris
en juin 2024

Photocomposition Belle Page

PAPIER CERTIFIÉ

fayard s'engage pour
l'environnement en réduisant
l'empreinte carbone de ses livres.
Celle de cet exemplaire est de :
350 g éq. CO_2
Rendez-vous sur
www.fayard-durable.fr

N° d'édition : 60-1569-9/5 - N° d'impression : 180553